T0031266

Ignacio Ellacuría

COLECCIÓN

ROSTROS DE LA FILOSOFÍA

IBEROAMERICANA Y DEL CARIBE

dirigida por Ricardo Espinoza Lolas

Marcela Brito de Butter

Ignacio Ellacuría

Fraternidad solidaria

Herder

Diseño de la cubierta: Toni Cabré

© *2022, Marcela Brito de Butter*
© *2022, Herder Editorial, S.L., Barcelona*

ISBN: 978-84-254-4937-6

Imprenta: Qpprint
Depósito legal: B-15.599-2022

Impreso en España - Printed in Spain

Herder
www.herdereditorial.com

ÍNDICE

PRÓLOGO

Ricardo Espinoza Lolas

El filosofar implica una gran necesidad de estar en la realidad y una gran necesidad de saber última y totalmente cómo es esa realidad, más allá de sus apariencias puramente empíricas. Quien no tiene esas dos condiciones, no es apto para filosofar. Hace falta también un talento especial: muchos de los ataques a la filosofía nacen de la contradicción entre quienes necesitan algo así como filosofar y, sin embargo, son incapaces de hacerlo, pues no pueden dominar sus requisitos técnicos. La filosofía no les dice nada, sobre todo en sus apartados más técnicos, no porque la filosofía no diga nada, sino porque ellos son incapaces de escucharla. Por eso acuden, en el mejor de los casos, a aspectos filosóficos que están más de moda o que son más asequibles para el público.

I. ELLACURÍA, *Filosofía, ¿para qué?*

Esta obra se integra en esta colección «Rostros de la filosofía Iberoamericana y del Caribe» de inmediato como imprescindible, porque no solo es un libro «sobre» Ignacio Ellacuría, que de suyo es un pensador muy importante, pero poco estudiado, sino también «acerca»

9

de él, lo cual le da otra orientación, pues lo entiende desde dentro de sí mismo como un gran filósofo y no busca interpretarlo desde las lecturas clásicas, como las de Héctor Samour o Antonio González. Es un libro con una perspectiva interiorizada del pensador español, nacionalizado salvadoreño, no en lo que ya sabemos y con gran indignación, su vil muerte (junto a otros mártires en San Salvador, en la Universidad Centroamericana José Simeón Cañas, UCA) a manos del propio ejército salvadoreño y traicionado hasta por el presidente de la época, Alfredo Cristiani, el 16 de noviembre de 1989, sino en la riqueza conceptual del filósofo mártir, en cuanto filósofo e incluso más allá de Zubiri.

Aunque su pensamiento quedó truncado por su abrupta muerte —tenía cincuenta y nueve años cuando fue asesinado—, nos dejó una obra teológica, política y en esencia filosófica; es necesario destacar esto hasta el cansancio, y es uno de los puntos clave de la filósofa Brito en esta interpretación renovada de Ellacuría. Se trata de una filosofía que, como piensan algunos, no solo es hija de la filosofía de Xavier Zubiri (que era, literalmente, como un padre para Ellacuría), sino que tiene un vuelo propio y pudo cristalizar en un trabajo conceptual más allá de este, e incluso corregir a su maestro o adentrarse en zonas que la filosofía de Zubiri dejaba de lado de forma explícita, a saber, lo humano en cuanto social e histórico y, por ende, su dimensión política y liberadora. Si la filosofía de Zubiri es un estudio analítico de cómo acontece lo real, en y por sí mismo, en cada uno de nosotros, el pensamiento de Ellacuría se sumerge, *in media res*, en la articulación de una matriz, por una parte, conceptual en la que cada uno de nosotros se articula con el otro y, por otra, esa articulación de lo humano es explicitación de lo real mismo en un movimiento histórico y liberador: es la realidad política la que emerge radicalmente en Ignacio Ellacuría. Con ello la filosofía no solo ahonda lo que Zubiri no pensó o dejó de lado, sino que debe repensar qué sea eso real, porque no es suficiente con que la realidad sea «de suyo» lo que aprehendemos en tanto aprehensión, sino que ese «de suyo» se constituye materialmente entre unos con otros. Y en ello ese «de suyo», como real y físico, nos libera de forma radical de las cadenas aparentemente necesarias de la ideología totalitaria que nos subjetiva, esto es, el capitalismo.

Ellacuría es en esto fiel a lo más propio del pensamiento de Hegel y de Marx. Es un pensador de la libertad, pero de una que acontece en la misma historia del ser humano con toda la negatividad que ello conlleva. La libertad sobreviene a través de un proceso real y efectivo de realizarla entre unos con otros constituyendo una comunidad institucional. Por ejemplo, a pesar del dolor de vivir bajo una ideología totalitaria capitalista que niega lo humano en cuanto libre, Ellacuría levanta su filosofía desde San Salvador a todo el mundo; una filosofía que conceptualmente busca reflexionar sobre lo que oprime al ser humano y con ello mostrar una salida filosófica ante esa dominación. La filosofía de Ellacuría se mueve en lo que desde hace mucho se llama la idea absoluta (Hegel); es una filosofía a la vez materialista y liberadora en nuestra propia historia, en la que la teoría y la praxis son expresión de un devenir, del movimiento no solo de lo humano en cuanto histórico, sino de la realidad misma en cuanto dinámica. Con estas coordenadas, desde Zubiri, Hegel, Marx, la teología cristina de Rahner, y con su experiencia centroamericana —que pasa por la pobreza más radical, también por la injustica más intolerable que puede un sistema totalitario ejercer sobre el ser humano para dañarlo y con ello dominarlo como un esclavo— Ellacuría levanta su filosofía para nuestros tiempos.

¿Por qué una fraternidad solidaria para esta época? ¿Es posible ser fraternal y solidario con el otro cuando nuestra vida es radicalmente egoísta y demandada por mil cosas cotidianas? ¿Es posible algún tipo de fraternidad en un mundo eminentemente capitalista que promueve una lógica competitiva y voraz por el reconocimiento por medio del éxito? Este libro de Marcela Brito «acerca» de Ellacuría intenta dar una respuesta desde El Salvador a todos los rincones de este pequeño planeta y nos presenta a un filósofo más vivo que nunca, cuya filosofía nos brinda claves fundamentales para entender nuestros problemas e indicios reales para procurar resolverlos. Con este fin, Brito escribe un texto bien articulado en tres capítulos. El primero nos habla de lo que Ellacuría entiende por filosofía; el segundo se sumerge en el objeto mismo de lo filosófico, esto es, la realidad histórica; finalmente, ambos momentos convergen en el último capítulo que versa sobre nuestra civilización, una comunidad que desde la pobreza se levanta y se ha levantado cada día, y sigue levantándose, como una comunidad de libres.

El análisis que nos propone Brito está muy bien pensado porque, sabiendo cómo entenderemos la filosofía, podemos tener claro nuestro objeto de estudio; por lo mismo, el modo de hacer filosofía de Ignacio Ellacuría muestra que su objeto de estudio es el ser humano articulado en un tejido socio-histórico material, un humano que en su dinamismo histórico repiensa qué es la realidad misma (es un bucle que va desde lo real a lo humano y desde lo humano a lo real). Y en ello podemos ver, desde dentro de nuestra actualidad, que hoy todos estamos siendo desde una articulación histórica de precariedad radical y ante ella, a pesar de eso, nos levantamos tanto unos como otros libremente. Este detalle del libro de Brito es un gran hallazgo no solo para los estudios ellacurianos (y también zubirianos y marxistas latinoamericanos), sino para la propia filosofía que piensa el presente y que a la vez quiere abrir posibilidades reales de emancipación. La autora salvadoreña lo dice de forma tajante y trabajando desde Ellacuría:

> La realidad de los pobres, que es la más reveladora, densa y universal, es el signo de los tiempos por excelencia, porque se caracteriza «por el predominio efectivo de la falsedad sobre la verdad, de la injusticia sobre la justicia, de la opresión sobre la libertad, de la indigencia sobre la abundancia, en definitiva, del mal sobre el bien». La

cantidad masiva de muertes, incluso en los países más desarrollados, a causa de la pandemia provocada por el virus SARS-COV2, es muestra fehaciente de la vulnerabilidad humana fruto del régimen de desigualdad y del acaparamiento de los recursos de unos pocos por encima de las grandes mayorías. En países empobrecidos como India, Honduras y Haití, por ejemplo, la tragedia humana es aún más brutal e indignante, pues es la muestra viva de los más pobres, a quienes el sistema de posibilidades que configura nuestra época desangra incansablemente. (p. 120)

Marcela Brito de Butter es una joven pensadora salvadoreña directora del posgrado de la Universidad José Simeón Cañas, la universidad de Ignacio Ellacuría. Lleva años trabajando afanosamente en las fuentes mismas de la filosofía del pensador español-salvadoreño. Conoce como pocos la vida y obra de Ellacuría, también a las fuentes vivas que estuvieron con él, como Jon Sobrino y Héctor Samour, por nombrar solo a dos. Gracias a su renovada investigación podemos ver a un filósofo muy importante que convive con el teólogo y el político Ellacuría. Es en el filósofo donde encontramos conceptos fundamentales para pensar lo real y con ello lo humano de forma viva y en transformación material para que acontezca una comunidad de humanos libres en medio del capitalismo más mortífero en el que vivimos como esclavizados. Gracias al trabajo filosófico de Brito, podemos conocer la gran riqueza conceptual del pensador salvadoreño y el diálogo con otros pensadores actuales generando una matriz desde la lengua castellana que nos permite no solo reflexionar críticamente acerca de nuestro presente, sino intentar transformarlo en la praxis.

Por último, es la misma autora salvadoreña la que nos indica la importancia de Ellacuría para leer nuestro presente y liberarlo de sus cadenas de precariedad impuestas por la ideología dominante de turno:

> La insistencia de Ellacuría en lo comunitario y estructural nos ilumina para entender que sin el otro y sin los lazos de fraternidad solidaria, muy difícilmente podremos realizar cambios suficientes para echar a andar la historia por un rumbo distinto. Lo que plenamente podemos llegar a ser solo se alcanza acompañados, construyendo otras formas de organización colectiva, modelos económicos, patrones culturales, formas de amar, etcétera. Renovar el orden vigente desde sus cimientos es una tarea que no se acaba, ni será nunca totalmente perfecta. (p. 144)

Los invito a leer este libro para, de la mano de Ellacuría, entender nuestra vida y ver que sí tenemos la posibilidad de transformarla, superar estos tiempos nihilistas y mirar el futuro con confianza. Estamos ante un Ellacuría, en esta colección, muy bien leído por Marcela Brito, a la altura de la historia que nos demanda. Esto se agradece con creces.

Concón, 10 de diciembre de 2021

INTRODUCCIÓN

El siglo XX fue «el siglo de las guerras» y el XXI, que apenas comienza, nos auguraba la promesa de dejar atrás un pasado lleno de destrucción y muerte. Sin embargo, vemos que las guerras siguen, que la insolidaridad no cesa y que las pandemias han vuelto a ponerse a la orden del día. En un mundo cada día más rápido, la pregunta por hacia dónde nos dirigimos vuelve a estar presente. A lo largo de la historia de la filosofía se han hecho enormes esfuerzos por explicar el mundo para que podamos vivir en él y con él, sin embargo, cada vez son más evidentes sus límites e insuficiencia. Poco a poco el pensamiento utópico se ha ido borrando, dando paso al pragmatismo y la conformidad con un orden global que, en apariencia, no podemos cambiar. En un país diminuto y asediado por la pobreza como El Salvador, el filósofo Ignacio Ellacuría se dio a la tarea de repensar la filosofía, su objeto y propósito, porque creyó que con la fuerza de la razón que atiende al lamento de la realidad de los desposeídos, esta era capaz de convertirse en motor y conciencia de la necesidad de diversos cambios estructurales que no solo erradicaran el mal en este país centroamericano, sino también en el mundo. Su pensamiento y praxis se convirtieron en voluntad de verdad, voluntad de liberación y voluntad de salvación para su pueblo y para todos los pobres del planeta: los que padecen violencia, persecución y terror. Con todo y el testimonio vivo que representa su muerte violenta, su legado continúa, por lo que tenemos el honor de traerles este libro que pretende ser una introducción a su pensamiento.

Para entender mejor el porqué de la muerte de Ignacio Ellacuría —¿por qué los mataron? suele ser la primera pregunta cuando se habla sobre él y sus compañeros—, consideramos pertinente compartir algunos aspectos de este filósofo fascinante, tarea nada sencilla, dada la complejidad de su carácter, de sus pronunciamientos, de sus escritos y su obra. No es fácil, especialmente para quienes no lo conocimos en vida. Diversos escritos dan cuenta de algunos aspectos de su personalidad, de anécdotas y actividades, así como de su intenso ritmo de trabajo e incansable espíritu de servicio. Sin embargo, tales escritos también nos dicen que Ignacio Ellacuría se mostraba siempre reservado frente a su vida privada, que podíamos saber más sobre sus ideas, sentimientos, preocupaciones y esperanzas a través de su trabajo como rector y docente en la UCA, su papel como mediador en el diálogo entre la guerrilla y el Gobierno durante la guerra civil salvadoreña, sus escritos de análisis político, sus rigurosos artículos de filosofía y teología, así como en el trato que tenía con la gente más sencilla.

En cualquier caso, si algo podemos saber sobre Ignacio Ellacuría, es que fue movido por la fe, la esperanza y la entrega sin medida a quienes consideró los protagonistas de la historia y los sujetos de la salvación en nuestro mundo: las grandes mayorías empobrecidas, oprimidas, angustiadas, torturadas, violadas y asesinadas por los poderes maléficos del capital. Los negados por las grandes gestas históricas y tecnológicas de la civilización occidental fueron y siguen siendo, según el legado ellacuriano, quienes mejor descubren el rostro manchado de sangre, mentira e injusticia que los artificios del consumismo o las políticas económicas y culturales que imponen las grandes potencias en todos los países del mundo pretenden maquillar. A ese pueblo crucificado sirvió, y por su causa fue martirizado la madrugada del 16 de noviembre de 1989, junto con sus compañeros Segundo Montes, Joaquín López y López, Ignacio Martín-Baró, Amando López, Juan Ramón Moreno, Elba Ramos y su joven hija Celina, por miembros del Batallón Atlacátl, que procedió por orden del Estado Mayor del Ejército salvadoreño.[1]

Hubo un esfuerzo por ocultar los motivos y a los perpetradores de la muerte de los jesuitas, manteniendo una historia oficial que oscurece, silencia y distor-

---

1   Cf. Comisión de la Verdad para El Salvador, *De la locura a la esperanza: la guerra de 12 años en El Salvador. Informe de la Comisión de la Verdad para El Salvador*, San Salvador, Dirección de Publicaciones e Impresos, 2014, pp. 57-64. Cf. M. Doggett, *Una muerte anunciada: el asesinato de los jesuitas en El Salvador*, San Salvador, UCA Editores, 2001, pp. 34-41, 75-126.

siona la realidad para hacer «calzar» los hechos con la racionalidad y la justificación de la forma en que opera el poder establecido. La muerte de Ellacuría, de sus compañeros jesuitas y sus ayudantes, fue el resultado de la incomodidad que supuso la razonabilidad del diálogo como vía de salida al conflicto armado, del desenmascaramiento de la brutalidad disfrazada de seguridad nacional, así como la corrupción del doble discurso sostenido tanto por el Gobierno salvadoreño como por Estados Unidos.[2]

> Aunque la ofensiva guerrillera les proporcionó la ocasión para un último impulso y un pretexto conveniente, los «duros» del ejército ya hacía tiempo que habían decidido llevar a la práctica su deseo, que tenían desde hacía diez años, de silenciar al P. Ellacuría. La decisión de matar al P. Ellacuría formaba parte de una ya larga práctica de ataques contra los jesuitas. En este contexto, el P. Ellacuría, que hablaba claramente abogando por la paz, se había convertido en una obsesión. [...] Hubo algunas personas en El Salvador que tomaron la llegada al poder del partido ultraderechista ARENA como una especie de luz verde para incrementar la violencia. Aumentaron los intentos de relacionar a los jesuitas con la violencia del FMLN y presentar a los sacerdotes como apologetas de las acciones de la guerrilla.[3]

2   Cf. M. Doggett, *Una muerte anunciada*, *op. cit.*, pp. 70-73.
3   Cf. *Ibid.*, pp. 25-26.

El problema, según expone Doggett, radicó en que el carácter pacífico de la protesta y la denuncia le impedía al ejército y a las fuerzas de seguridad actuar con alguna justificación contra los jesuitas de la UCA, puesto que cualquier acción para acallar la crítica y la denuncia repercutiría en el retiro del apoyo al ejército y el Gobierno por parte de la población salvadoreña. Sin embargo, esto no impidió que la masacre se llevara a cabo, por lo que este hecho constituye un caso paradigmático: aunque ya desde la década de 1970 el asesinato de sacerdotes, seminaristas, monjas y laicos colaboradores era sistemático, el de los jesuitas de la UCA sentó el precedente de que las fuerzas militares podían entrar con plena libertad en un recinto universitario, sacar de la cama a figuras de reconocimiento mundial y matarlos. Entonces todo era posible; nadie estaba libre de quedar a merced de tales fuerzas siniestras.

Junto a ellos, ya habían sido torturados y crucificados miles de salvadoreños anónimos, sacerdotes, monjas, seminaristas y activistas de todos los credos, y fueron perseguidos durante años hasta la firma de los acuerdos de paz en 1992. En cierta forma, los mártires del pueblo salvadoreño siguen siendo perseguidos, también los jesuitas de la UCA, porque aún predominan condiciones socioeconómicas, políticas, culturales y de género que de modo sistemático oprimen la vida de millones de salvadoreñas y salvadoreños; en ese sentido, las estructuras de pecado no han sido erradicadas pese al fin del conflicto y la democratización de El Salvador. Hoy en día, el nombre de Ignacio Ellacuría sigue causando recelo en ciertos sectores de la sociedad salvadoreña que no comulgan con el proyecto que él, sus compañeros jesuitas y miles de salvadoreños anónimos lucharon por echar a andar.

Ignacio Ellacuría no llegó a plasmar por escrito su proyecto debido a su muerte prematura, pero sí nos dejó importantes pistas en su vasta y diversa producción intelectual. Asimismo, la prueba palpable de dicho proyecto se evidencia en las comunidades rurales que adoptaron su nombre y el de sus compañeros tras el martirio de 1989, porque creyeron en él y decidieron encarnarlo en su vida comunitaria. El nombre de Ellacuría sigue vivo e incomoda a muchos porque su visión compasiva de la realidad salvadoreña y latinoamericana, su mordaz crítica a los poderes maléficos del capital y su esperanza de otro mundo posible pone el dedo en la llaga sobre la actual configuración estructural —y en definitiva metafísica— de esta época que aporta muchos males y pocos beneficios a la mayor parte de la humanidad.

Entonces, a partir de lo que hemos mencionado, ¿quién fue Ignacio Ellacuría? Sabemos que su obra hablaba más sobre sí mismo de lo que él nunca habló, aunque en ocasiones expresara su sentir con la realidad y lo hiciera como siempre hizo todo: con honestidad. En las entrevistas para radio y televisión que reposan en los archivos de la UCA y en internet, se lo escucha hablar con parquedad, indignación, agudeza, rigor y esperanza acerca de la situación que en ese entonces vivía el pueblo salvadoreño. Sus textos tampoco carecen de la misma expresividad compasiva. Y es que, citando a Jon Sobrino, quien convivió muchos años con él, Ignacio Ellacuría nunca fue una persona sensiblera, pero sí profundamente sensible y compasiva con la realidad, por lo que su actuar siempre estuvo acorde con su tremenda capacidad para leer e interpretar los signos de los tiempos, así como las coordenadas de la situación sociopolítica tanto nacional como mundial y responder a esta interpelación, cargando con y encargándose de la realidad:[4]

> Realmente Ellacuría había sido, sin demagogia, con objetividad, con la palabra de verdad y con la valentía y tenacidad que siempre lo caracterizó, un auténtico profeta en sus escritos y, cada vez más, públicamente por televisión. Hacía poco tiempo, una señora del pueblo me había dicho después de verlo en televisión: «Desde que asesinaron a Monseñor nadie ha hablado tan claro en el país».[5]

Desde luego no nos olvidamos de la sentencia «dejarse cargar por la realidad», que refleja el gran amor, la compasión y la responsabilidad de Ellacuría para con su pueblo martirizado: la realidad del dolor se le impuso y él se dejó iluminar, guiar y enternecer por este

---

4   Cf. J. Sobrino, *Ignacio Ellacuría, el hombre y el cristiano: «Bajar de la cruz al pueblo crucificado»*, San Salvador, Centro Monseñor Romero, 2006, pp. 12-13.

5   *Id., Compañeros de Jesús: el asesinato-martirio de los jesuitas salvadoreños*, Santander, Sal Terrae, 1990, p. 6.

dolor para erradicarlo, en la medida de lo que sus fuerzas limitadas, pero increíblemente potentes, pudieron dar de sí. Este último aspecto es fundamental, porque para comprender lo que implica situarse en la realidad para enfrentarla, cargar con ella y encargarse de ella, primero hace falta escuchar y sentir con la realidad misma. Para ser interpelados, primero debemos ser afectados, y esa es una de las mayores virtudes que podemos extraer de lo ya expresado sobre ciertos rasgos de Ignacio Ellacuría a través de los testimonios que nos han quedado sobre su vida. Con ello queremos señalar que la inteligencia de Ellacuría fue capaz de operativizar las dimensiones teórica, ética y práxica en una filosofía, teología y política puestas al servicio de la liberación, no a pesar de las condiciones de opresión en las que vivió, sino precisamente por y a través de ellas, porque lo que resplandecía y aún resplandece en tales condiciones es el lugar de mayor iluminación de la realidad: las mayorías populares o el pueblo crucificado. Hacia este pueblo se orientaron tanto él como su obra no para dirigirlo, sino para dejarse dirigir por medio de la escucha y el sentir compasivos.

Es en este marco que el proyecto utópico de una civilización de la pobreza cobra sentido, vigencia y urgencia. Para Ellacuría estaba claro que cualquier proyecto civilizatorio parte de una opción preferencial que sirve de criterio ético, epistemológico, antropológico y metafísico en la que el filósofo, el teólogo o el científico deben situarse para aprehender intelectivamente las estructuras de la realidad a la altura de los tiempos en los que se insertan. No en vano expresó, respecto de la teología como momento teórico de la praxis eclesial, que se escribe teología *en* un escritorio, pero no *desde* el escritorio.[6] Lo mismo vale para cualquier aproximación teórica a la realidad que persiga dinamizarse en una praxis determinada. En el caso de Ellacuría, su opción fueron los pobres, entendidos no solo como los privados de las condiciones materiales mínimas necesarias para subsistir, sino también como todos aquellos individuos y colectivos que padecen la carencia de posibilidades para desarrollar su vida de forma autónoma y plena, como pregona el discurso ideologizado de los derechos humanos que, en la práctica, son privilegio de pocos a costa de la miseria de muchos.[7]

La idea de una civilización de la pobreza no es, pues, la pauperización de la humanidad, sino el posicionamiento de una nueva forma de vida que parta desde valores, prácticas, modelos comunitarios y económicos cuyo contenido sea dialécticamente opuesto al que promueve la civilización del capital: idolatría al ego, a la riqueza, al Estado, a las doctrinas de la seguridad nacional que solo decantan en prácticas aporófobas, xenófobas e incluso homófobas o misóginas. No existe, es evidente, una «receta» o un modelo sobre

6   Cf. J. Sobrino, *Ignacio Ellacuría, el hombre y el cristiano, op. cit.*, p. 33.
7   Cf. I. Ellacuría, «Pobres», en *Escritos teológicos*, vol. 2, San Salvador, UCA Editores, 2000, pp. 174-177; cf. *id.*, «Historización de los derechos humanos desde los pueblos oprimidos y las mayorías populares», en *Escritos filosóficos*, vol. 3, San Salvador, UCA Editores, 2001, pp. 434-435, 443-444.

cómo habría de implementarse este modelo que, pensamos, conlleva una radical ruptura con el curso en apariencia imparable de la historia actual, como denuncia Walter Benjamin en su tesis novena sobre el concepto de historia. Detener la historia no implica abandonar todo lo que de bondadoso haya logrado la constitución de nuestra civilización, sino romper con todo aquello maléfico, pecaminoso y destructivo que nos ha traído, para inaugurar la humanidad nueva, el cielo y la tierra nuevos donde la vida sea, para todas y todos, plena y abundante.

Ellacuría no pudo establecer cómo y en qué momento se realizará esta ruptura civilizatoria porque su comprensión de la realidad histórica no conduce a lecturas teleológicas, deterministas ni estáticas. Sin embargo, sí nos ilumina para que en la actualidad podamos leer los signos de los tiempos no para esperar ingenuamente a que la historia llegue a un pretendido final reconciliatorio (como la lectura soviética del materialismo dialéctico), sino para que, ateniéndonos a esos signos, podamos determinar cuáles son las praxis más adecuadas que nos permitan responder al clamor de la realidad a fin de liberarla y realizarla de cara al bien mayor. En ese sentido, el papel del posicionamiento y la opción preferenciales es fundamental, puesto que pretender una postura aséptica en nombre de la pureza y la objetividad académicas también es una trampa que enmascara la complicidad por acción u omisión con las estructuras de la realidad histórica que generan muerte sistemática, fría y racional.

La lucha contra esas formas de complicidad fue lo que a su vez dinamizó la férrea ética de trabajo y servicio tanto en Ellacuría como en sus compañeros jesuitas, hasta el punto de que, en sus últimos años de vida, la salud de todos ellos empezó a deteriorarse.[8] No obstante, la erradicación del sufrimiento y de la maldad siempre impulsó, como un resorte, su entrega incansable. Frente a la racionalidad del mal, todos ellos se irguieron con la racionalidad de la bondad y del amor que se verifica en los actos más que en las palabras, frente a la opresión sistemática, el trabajo preferencial desde y para los más sencillos. Incluso podemos agregar que frente al reinado del maligno, del acusador, del mentiroso y el asesino, todos ellos se opusieron construyendo el proyecto del Reino. El brutal martirio que soportaron fue, al parecer, la afirmación del poder aplastante de esta maldad, pero el impulso crítico de su legado sigue siendo la prueba de que la semilla de su entrega ha rendido un fruto tan potente que resucitó y sigue vivo entre nosotros. Precisamente por eso, este texto ha llegado a manos de los lectores.

Es difícil abordar el problema de la civilización de la pobreza sin aludir al Reino de Dios como horizonte de la salvación histórica. Y no puede obviarse este elemento fundamental en la potencia del pensamiento ellacuriano, porque tiene como base el problema de la construcción del camino a la salvación histórica desde las estructuras intramundanas de la

8   Cf. J. Sobrino, *Compañeros de Jesús, op. cit.*, pp. 11-12.

realidad histórica. Si el mal ha adquirido determinadas estructuras y dinamismos, es preciso que desde la comprensión profunda y radical de estas estructuras se operativice el compromiso con la construcción del Reino, es decir, de la constitución de la civilización de la pobreza. En Ellacuría, así como en sus compañeros, podemos verificar cabalmente este compromiso inconmovible con la esperanza de la redención de nuestra historia, respondiendo al llamado que Benjamin hizo en su tesis sexta:

> En cada época es preciso hacer nuevamente el intento de arrancar la tradición de manos del conformismo, que está siempre a punto de someterla. Pues el Mesías no solo viene como Redentor, sino también como vencedor del Anticristo. Encender en el pasado la chispa de la esperanza es un don que solo se encuentra en aquel historiador que está compenetrado con esto: tampoco los muertos estarán a salvo del enemigo, si este vence. Y este enemigo no ha cesado de vencer.[9]

La historia no está cerrada, sino abierta y proyectada al futuro. El contenido de este Reino de Dios que habrá de instalarse mediante el cambio civilizatorio es un misterio profundo y radical que se irá revelando en la medida en que, desde el trabajo académico, político, económico, religioso, comunitario y personal, mar-

9   W. Benjamin, *Tesis sobre la historia y otros fragmentos*, México, Ítaca-UACM, 2008, p. 40.

chemos en la ruta de la liberación integral de la humanidad. Quien lea atento los textos de Ignacio Ellacuría podrá darse cuenta de que la complejidad de su filosofía no se agota en sí misma, sino que está al servicio de la esperanza de que, aunque el mal no ha cesado de vencer, no significa que sea imposible derrotarlo. Precisamente por ello hemos apuntado ya al carácter abierto y dinámico de la realidad histórica, que arrasa con las lecturas fatalistas y deterministas que muestran la destrucción de nuestro planeta como final inevitable, dejando fuera de lugar a la esperanza y el compromiso. Así, desde los elementos ya descritos, es preciso señalar que la fe también es un componente fundamental para comprender el sentido del camino trazado por la vida y obra de Ignacio Ellacuría, de cara a la realización de una civilización de la pobreza como exigencia teórica, ética, práctica y también espiritual para la viabilidad del futuro de la humanidad:

> Una civilización de la pobreza es un reclamo irrecusable de los signos de los tiempos y de la dinámica soteriológica de la fe cristiana, historizada en hombres nuevos, que siguen anunciando con firmeza, aunque siempre a oscuras, un futuro siempre mayor, porque más allá de los sucesivos futuros históricos se avizora el Dios salvador, el Dios liberador.[10]

10   I. Ellacuría, «Utopía y profetismo desde América Latina. Un ensayo concreto de soteriología histórica», en *Escritos teológicos*, vol. 2, *op. cit.*, p. 293.

Estos aspectos nos permiten configurar una imagen más clara y personal de Ellacuría que nos ayuda a comprender cómo surge y evoluciona la forma radical de su labor filosófica, teológica, universitaria y política, todo esto asumido en la unidad de su idea de la realidad histórica como objeto de la filosofía y base de toda forma de saber. Y es que la vida y obra ellacuriana estuvo marcada por la influencia de grandes pensadores como Miguel Elizondo, S.J.; Aurelio Espinosa Pólit, S.J.; Ángel Martínez Baigorri, S.J.; Karl Rahner y Xavier Zubiri.[11] Por otro lado, no podemos negar que monseñor Romero fue una marca fundamental en su vida y comprensión de la realidad, sobre todo, como hemos señalado, la realidad doliente del pueblo salvadoreño fue su mayor maestra. En todos estos amigos y maestros Ellacuría encontró el camino que marcó su vida y servicio.

Este señalamiento, por evidente que parezca, nos conduce a la idea fundamental que enlaza toda su producción: la primacía de la realidad. Para entender mejor qué es la realidad histórica es necesario que partamos de esta consideración que se refleja en los escritos y discursos de Ellacuría, todo ello dinamizado y unificado por la radicalidad de su vida salvadoreña. Desde muy temprano tuvo la inquietud por encontrar una unidad sintética entre la actividad filosófica rigurosa

---

11   Cf. R. Cardenal, «De Portugalete a San Salvador: de la mano de cinco maestros», en J. Sobrino y R. Alvarado (eds.), *Ignacio Ellacuría: «aquella libertad esclarecida»*, San Salvador, UCA Editores, 1999, pp. 43-58.

y la existencia humana concreta, siempre llena de vicisitudes, sufrimientos y problemas. Por ello se inclinó por elaborar una síntesis entre la filosofía escolástica y el vitalismo orteguiano: consideraba que ambas podían dar como resultado una filosofía a la altura de los tiempos, una filosofía viva y encarnada que plantara cara a los asuntos que preocupaban a la humanidad, pero sin dejar de ser filosofía. Su encuentro con Zubiri en la década de 1960 fue fundamental, pues le dio la pista de cómo alcanzar esa filosofía que el joven Ellacuría buscaba: no a través del esfuerzo por unir dos filosofías irreconciliables, sino de pensar en otra idea de filosofía y otra idea de realidad.

Fue el propio Zubiri quien insistió a Ellacuría en la importancia de trabajar juntos, al sentirse a gusto en compañía del joven sacerdote y sus largas charlas acerca de la filosofía, la religión, la fe y otros tantos temas que marcaron la pauta de su amistad a lo largo de veinte años, pero que también posibilitaron que Ellacuría se sumergiera intelectualmente en lo más profundo de la realidad de la mano de su gran amigo, quien también persiguió en sus años de juventud esa idea de filosofía que rompiera con las falsas apariencias de las abstracciones conceptuales, tan comunes en la historia filosófica. A esto intentó responder con su idea de realidad histórica, concepto al que, aunque acuñado por Zubiri, confirió el grado de objeto filosófico, al considerar que si la forma de realidad más abierta en la filosofía zubiriana era la persona, esta no podía entenderse sin todo el dinamismo y las realidades que se dan en la historia. Así pues, para Ellacuría no era posible hablar de «historia» o «realidad» a secas para afrontar el problema de la unidad de la persona y la realidad, de la transcendencia y la materialidad que tanto le preocupó; había que hablar de realidad histórica para hacer referencia a esta estructura peculiar y, a su juicio, más radical que la idea de realidad de Zubiri.[12]

Esta forma de entender la unidad de lo real es de gran importancia, pues en la realidad histórica se asume la totalidad de la realidad en una nueva unidad: en sí misma están implicados la materia, el espacio, el tiempo, la especie humana, la sociedad y la persona. Hablar de realidad histórica supone poner sobre la mesa la cuestión de la vida y la actividad humanas en este su peculiar aspecto histórico, pues es la actividad social la que va dando forma, a lo largo del tiempo y en el espacio del mundo, a lo que sucede en la realidad que se vive. Por otra parte, la entrada de la humanidad en el planeta por la vía evolutiva rompe el curso de lo natural y lo abre a una radical indeterminación: la actividad creativa y opcional del ser humano transforma el orden y el dinamismo de toda la vida y realidad material, marcando el rumbo de distintas formas de vida, de comprender lo real, de experimentar la fe y, en definitiva, de una infinidad de aspectos que configuran la vida humana en los ámbitos colectivo e individual. En este sentido, la realidad histórica presenta un dina-

12   Cf. I. Ellacuría, «El objeto de la filosofía», *op. cit.*, pp. 85-92.

mismo ambivalente: puede ser de mayor humanización o deshumanización. Todo ello depende de las opciones que se encuentren en la base de la apropiación de una posibilidad u otra, en un momento histórico dado y según las posibilidades de vida por las que se puedan efectivamente optar.

De ahí que sin este esfuerzo intelectual por darle a la filosofía su propósito y objeto no podríamos entender la potencia política, teológica y académica de Ellacuría. Para él, lo político nunca estuvo desvinculado de la actividad filosófica, tampoco del quehacer universitario, pues es un momento dinamizador de la realidad histórica y, en consecuencia, configurador de la vida humana en todas sus dimensiones. En esta línea, la politicidad es un elemento intrínseco al filosofar, a lo académico, lo personal, lo social, lo religioso, entre otras dimensiones que configuran nuestro mundo.

Ellacuría nunca pactó con partidos políticos ni fuerzas estatales o movimientos de ningún tipo, pero ello no significó que su trabajo estuviera desligado del acontecer político en El Salvador o que no considerara su labor filosófica, teológica y universitaria como algo separado de lo político. Para él, la solución a la conflictividad vivida por su pueblo nunca podría darse a través de polarizaciones reduccionistas; al contrario, solo podía surgir algo nuevo en el camino de la construcción de la paz que superara positivamente las raíces del conflicto, una tercera fuerza en la que todos «estuviesen de acuerdo en una cosa: ni un muerto más».[13] Este anhelo, evidentemente, pasaba y sigue pasando por el desenmascaramiento de las estructuras que generan violencia, miseria y muerte. Su criticidad siempre fue tan radical que nunca agradó a las fuerzas en pugna durante el conflicto armado: las estatales lo tacharon de subversivo y la guerrilla de conservador. Tampoco persiguió agradar a las clases económicamente dominantes, ni a ciertos sectores conservadores de la jerarquía eclesiástica, porque su interés mayor siempre fue la erradicación del sufrimiento de los pobres. Fue asesinado por la efectividad política, académica y real de su pensamiento y sus hechos, pues la corrupción y la injusticia no toleran a los hombres y mujeres comprometidos, que ponen en marcha el proyecto de un mundo distinto.

En definitiva, la filosofía no puede ser nunca apolítica, neutral o aséptica. La filosofía potente de Ignacio Ellacuría da de sí en múltiples aristas, algunas de las cuales hemos mencionado, pero que escapan a los límites de estas páginas y que, sin embargo, invitamos al lector a explorar para sumergirse en sus obras fascinantes, complejas, rigurosas y llenas de pasión por la verdad y la libertad de la familia humana. Así pues, podemos decir que las páginas que siguen son una provocación para los no iniciados en el pensamiento de este filósofo de tierra salvadoreña, por lo que nos

13   J. Sobrino, «Mi caminar con Ignacio Ellacuría», en J.J. Tamayo Acosta y H. Samour (eds.), *Ignacio Ellacuría. 30 años después*, Valencia, Tirant Lo Blanch, 2021, p. 638.

detendremos en tres momentos fundamentales para entender el pensamiento filosófico de Ignacio Ellacuría y la veta utópica que se desgaja de este: primero, una introducción a su idea de filosofía, los problemas conceptuales, históricos y materiales a los que responde, así como las dimensiones que abarca. Hablamos aquí de una filosofía encarnada, comprendida por Ellacuría como forma de saber, forma de vida y orientación para el mundo y la vida. Esta última dimensión, a nuestro juicio, conecta con la politicidad que corresponde a toda forma de saber situada históricamente, por lo que la filosofía no es la excepción, menos para Ellacuría. Esta idea de filosofía y su objeto —la «realidad histórica»— responden a la primacía que la realidad siempre tuvo para él, sobre todo aquella de los perseguidos, muertos y empobrecidos por las estructuras de injusticia que todavía existen en El Salvador y en el mundo, incluso en países desarrollados. La filosofía de Ellacuría no es aséptica ni imparcial, y nunca pretendió serlo: sus intereses y propósitos son claros, pues la honradez con la realidad es uno de los principios de los que debe partir toda filosofía pura, que no sea pura filosofía erudita ni palabrería.

En segundo término, analizaremos la articulación estructural de la realidad histórica como objeto de la filosofía ellacuriana. Toda filosofía pretende explicar la totalidad de la realidad en sus fundamentos últimos. Siguiendo la impronta de Xavier Zubiri, la realidad es para Ellacuría una unidad estructural diversificada, dinámica y abierta. Los conceptos de materia, espacio, tiempo y vida fueron pensados en esta misma línea, pues transformar la realidad de los que sufren no es ejercicio de mística, sino de análisis de realidades, estructuras y dinamismos que causan mal y sufrimiento. En este sentido, la realidad histórica tiene su plena concreción en la especie humana y las configuraciones sociales e históricas, de modo que la totalidad de la realidad adquiere máxima realización y complejidad en el ámbito de la historia, que es creación de posibilidades y proceso de capacitación para hacer más realidad. Sin embargo, por ser abierta, el decurso de la realidad histórica es indefinido: puede dar paso a un bien o a un mal mayor. El hecho inconcuso es que nuestra historia está plagada de maldad e injusticia, por lo que un cambio de rumbo supone comprender las estructuras que intervienen para actuar sobre ellas. De esta manera, en la idea misma de realidad histórica se operativiza la unidad entre teoría y praxis, desde una opción ética preferencial por el lugar de negación de la creatividad misma de la historia.

Presentamos, por último, el problema de la realidad del mal, estructurado en la categoría ellacuriana de civilización del capital. Esta forma de configuración de la realidad histórica fue quizá la principal preocupación que Ellacuría quiso responder a través de sus escritos y su filosofía, cuya respuesta fue la civilización de la pobreza como polo dialéctico para superar la raíz del mal histórico en el que vivimos. El análisis de la realidad del mal es valioso para entender nuestro mundo, pues supone una impronta que abandona las consideraciones moralistas e individualizantes de la acción humana, pero que también implica el compromiso de erradicar y renovar todas las estructuras que hacen posible las diversas formas del mal que vemos objetivadas en la actualidad.

Esperamos que la lectura sea provechosa y, sobre todo, una invitación a repensar la realidad histórica de nuestros países, en una Iberoamérica hoy más conflictiva que nunca.

LA IDEA DE FILOSOFÍA
DE IGNACIO ELLACURÍA

Toda filosofía aspira a resolver una cuestión que se ha discutido a lo largo de su historia: ¿cómo conceptualizar la totalidad? ¿Es la suma de partes determinadas o una unidad previa? Esta unidad ¿es real o meramente conceptual?[1] Cuando aquí hablamos de todo, nos referimos a una unidad (no a una mera suma de partes) que abarca toda forma de realidad, cuyo carácter es físico y real. La filosofía es el esfuerzo por dar con la unidad que explique y articule el todo con la diversidad de cada uno de sus momentos. Ignacio Ellacuría parte de una idea de filosofía muy peculiar, con unas funciones y una misión radicales respecto de la tradición filosófica anterior. Para entender mejor esta diferencia hay que señalar que la filosofía tiene una triple orientación: es una forma de saber, un modo de vivir y una actividad que orienta al mundo y la vida, cuya índole radica en su opción preferencial por las mayorías y su liberación. Es decir, la filosofía se caracteriza

1   Cf. I. Ellacuría, «El objeto de la filosofía», *op. cit.*, pp. 63-65.

por su intrínseca politicidad.[2] Esta forma de entender la filosofía y sus funciones es herencia de Xavier Zubiri, pues su preocupación por el problema del retorno al ejercicio filosófico auténtico lo llevó a definir la metafísica como saber que se ocupa de determinar la índole última de las cosas. Dar con esta índole última presupone el problema de la totalidad de lo que hay, lo cual supuso para Ellacuría repensar qué es la filosofía, cuál es su objeto y cómo debe enfrentarse con las cosas. De este esfuerzo se nutrió tanto su pensamiento como su punto de partida. Al igual que Zubiri, Ellacuría consideró que el ejercicio filosófico auténtico debe estar marcado por una actitud de insuficiencia, continuidad y apropiación positiva.

Ellacuría tiene claro que no se filosofa desde cero, sino a partir de filosofías pasadas, por lo que la filosofía es problema de sí misma, y siempre está en el ingente esfuerzo por reconstituirse. La definición de lo que sea la filosofía es el largo camino de su historia y del esfuerzo de los filósofos. La filosofía es, ante todo, la pregunta por el cuestionar mismo del hombre: la historia de la filosofía es la historia de la idea misma de filosofía.[3] Los sistemas filosóficos tienen su propia lógica y responden a un horizonte que configura la actitud del hombre ante la realidad a la que se enfrenta en virtud

2   Cf. *Id.*, «Filosofía y política», en *Veinte años de historia en El Salvador (1969-1989). Escritos políticos*, vol. I, *op. cit.*, pp. 49-50.
3   Cf. X. Zubiri, «El saber filosófico y su historia», en *Naturaleza, historia, Dios*, Madrid, Alianza, 1987, p. 155.

de su modo peculiar de instalarse en ella. Esta ubicación histórica brinda al hombre una cosmovisión, una cultura y un lenguaje que estructuran el contacto con la realidad y posibilitan el modo específico del preguntar filosófico. La filosofía no es algo que «flota» con autonomía, sin contexto; por el contrario, responde al momento histórico en el que se ubica aquel que filosofa, quien por ello debe enfrentarse a estas exigencias.

Lo anterior se puede sintetizar en una premisa: la filosofía es resultado de la actividad de la inteligencia humana replegada sobre sí misma, pero entendida como situada, como histórica, ante la cual la realidad tiene total primacía respecto de cualquier concepto, razonamiento o sistema.[4] Hablar de una nueva idea de filosofía supuso repensar qué es la realidad y qué es la inteligencia como vía de acceso a ella. Para Ellacuría, la filosofía debe estar a la altura de los tiempos y responder a las exigencias éticas, práxicas y de liberación para el contexto histórico en el que se sitúa la vida humana, concretamente en América Latina.

Filosofía como forma de saber

Desde su juventud, Ellacuría quiso configurar una idea de filosofía sobre la que pudiera sustentar un sistema

---

4   Cf. *Id.*, «Sobre el problema de la filosofía», en *Sobre el problema de la filosofía y otros escritos (1932-1944)*, Madrid, Alianza-Fundación Xavier Zubiri, 2002, pp. 36-40.

filosófico radical, último y total, inquietud que se mantuvo constante a lo largo de su vida. Esta filosofía debe dar cuenta de lo último desde las circunstancias en que se vive, y su actualidad radica en la forma en las que se problematiza y se enfrenta con la realidad:

> A diferencia de otros modos de saber, la filosofía tiene esta inicial indefinición: no solo no sabe cómo es aquello de que trata, sino que tiene que hacerse cuestión inicial de qué es lo que va a tratar o, al menos, de qué es concretamente aquello que quiere estudiar. […] Se podría decir muy genéricamente, por lo menos entre los filósofos clásicos —y en esto hay una gran unidad en muchos de ellos desde los presocráticos hasta Heidegger—, que buscan hablar de todas las cosas en cuanto todas ellas coinciden en algo o son abarcadas y totalizadas por algo. Pero qué es ese algo que abarca y totaliza todas las cosas, haciendo de todas las cosas un todo, sea un todo lógico o un todo real, es la gran cuestión que diferencia profundamente a los filósofos y a las filosofías.[5]

Ellacuría comprendió que lo específica y estrictamente filosófico radica en lo metafísico como forma primaria y fundamental de aproximación a lo real en cuanto real: es ir más allá de lo evidente, pero sumergiéndonos en lo más profundo de las cosas para escudriñar su constitución primigenia. El objeto de la filosofía ha de ser iluminado por la radical inmersión de la

5   I. Ellacuría, «El objeto de la filosofía», *op. cit.*, p. 63.

inteligencia en la realidad de las cosas todas. En este sentido, su objeto no es una cosa concreta, aunque sí tiene su propia consistencia y poderío; de ahí que tantos filósofos se hayan lanzado a la tarea de determinar cuál es dicha cosa y su índole radical. La labor de la filosofía consiste en el esfuerzo de dar con ese objeto metafísico.

¿Cómo entender el saber filosófico como saber metafísico? Siguiendo a Ellacuría, debemos descomponer esta palabra en sus partes constituyentes: *físico* (φυσικά) y *meta* (μετὰ). Ambas hacen referencia a dos dimensiones de la realidad, pero al referirnos a ellas, estamos hablando de una sola y total realidad. No hablamos de dos áreas separadas, sino de dos momentos de manifestación y ocultamiento de lo real frente a la inteligencia humana. Hablar de lo «físico» no equivale a reducir la realidad a pura corporalidad (lo positivo o lo empírico), sino a aquello de lo cual algo está constituido. Lo físico es lo que determina la estructura última y formal de lo real. La dimensión *meta* se refiere al carácter transcendental de la realidad: es la inmersión intelectiva en lo físico, lo más profundo de esta para desvelar su interna y constitutiva índole. Así, la metafísica se ocupa de la realidad intramundana: de nuestro mundo. No se puede responder a la pregunta por la realidad al margen de las cosas reales y de la inteligencia humana.[6]

6   Cf. X. Zubiri, *Los problemas fundamentales de la metafísica occidental*, Madrid, Alianza-Fundación Xavier Zubiri, 2003, pp. 16-26. Cf. I. Ellacuría, «La idea de filosofía en Xavier Zubiri», en *Escritos filosóficos*, vol. 2, San Salvador, UCA Editores, 1999, pp. 385-386, 391.

La metafísica tiene carácter transcendental porque este objeto no se agota con la pregunta por las cosas en cuanto son esto o aquello, sino únicamente en cuanto *son*. La tarea de la filosofía es «buscar un objeto distinto de todo objeto y presente a todo objeto».[7]

La metafísica se entiende aquí como una filosofía primera porque se ocupa de ese objeto omniabarcante, que involucra todas las dimensiones de lo real: naturaleza, historia, ser humano, sociedad, cultura, etcétera, conservando su diversidad y especificidad, comprendiéndolas a la luz de este objeto. Por tal razón, ni la unidad anula la totalidad, ni se entiende como suma de cosas. En cualquier caso, llegar a conceptuar esta unidad real y conferirle su respectivo carácter de objeto no es el inicio de la filosofía, sino su resultado. Podemos afirmar que el saber filosófico es una búsqueda perenne de la determinación de su propio objeto: un objeto físico, transcendental y unitario.

Filosofía como forma de vida

El ejercicio filosófico es forma de vida porque el conocimiento de la verdad transforma: la apertura a la comunicación y al diálogo en el encuentro de la verdad es de por sí una transformación personal y comunitaria.[8]

---

7   I. Ellacuría, «La idea de filosofía en Xavier Zubiri», *op. cit.*, p. 381.
8   *Id.*, «La filosofía como síntesis de la vida intelectual y la vida política», en *Cursos Universitarios*, San Salvador, UCA Editores, 2009, p. 380.

Aristóteles denominó la forma de vida propia del filósofo como *bíos theoretikós* (βίος θεωρητικός) o vida contemplativa, vida teórica. Cuando hablamos de contemplación, nos referimos al enfrentamiento con la totalidad de las cosas, en cuanto unidad última y radical. El enfrentamiento surge de una forma peculiar, pues para habérselas con el todo, el ser humano debe recogerse, encontrarse a sí mismo en soledad radical para, una vez a solas, resonar y alumbrar la realidad desde sí misma, en y por sí misma.[9] ¿Es esto posible en el siglo XXI, época de infinitas redes de información y flujo de capitales? Encontrarse en absoluta soledad con el todo es difícil y hasta paradójico en un mundo como el nuestro, en el que la rapidez de la vida, el trabajo desde casa o en la oficina, los quehaceres domésticos y los asuntos personales consumen nuestro tiempo; donde muchas veces tememos a la soledad y por ello buscamos compañía superficial u ocuparnos en algo que nos distraiga de la posibilidad misma de encerrarnos en nosotros mismos a pensar en los problemas, las inquietudes y las mil tareas que tenemos pendientes. Esta soledad, que nace de la aceleración del ritmo de vida actual, es la antítesis de la soledad a la que nos referimos cuando hablamos de la disposición filosófica. La filosofía como forma de vida no supone una soledad en la que se huye de las cosas; al contrario, el recogimiento del ser humano debe llevarlo a una escucha, a un ver y, en definitiva, a un sentir que lo arraigue en la realidad.

9 Cf. X. Zubiri, «Sobre el problema de la filosofía», *op. cit.*, pp. 30-36.

El saber filosófico no es simple colección de datos o de información, tampoco el dominio de una ingente cantidad de teorías, sino una disposición que se subtiende sobre la fundamentación de la vida humana: es la constitución de la vida a partir de su fundamento y encuentro en la verdad. Por eso la filosofía se puede considerar como una manera de rescatar el mundo, la vida y el sentido. La producción de una cantidad ingente de saberes sin rumbo específico no es más que un síntoma de lo que Zubiri denomina la «descomposición del mundo», esto es, cuando el saber ya no refiere a la realidad concreta y al modo de vida humano al que debía responder. Ciencia, técnica y tecnología se han convertido en el modo primario de hacerse cargo de la realidad, pero lo han hecho reduciendo las cosas a meros útiles, con catastróficas consecuencias para la humanidad. La filosofía es una exigencia porque es una forma de vida radical en convivencia con el todo, desde eso que Zubiri denominó la *soledad sonora*.[10] No la soledad del individuo aislado, sino la de la persona que sale al encuentro con el mundo, desde una actitud de preocupación por alcanzar la ultimidad de su propia existencia intramundana y, en definitiva, la del mundo que la rodea.

La actitud del filósofo es entrega que permite que la realidad se imponga, se apodere y guíe en la búsqueda de lo más radical. Es, pues, voluntad de verdad,

10   Cf. *Id.*, «Nuestra situación intelectual», en *Naturaleza, Historia, Dios*, Madrid, Alianza, 1987, pp. 56-57.

voluntad de vivir y voluntad de ser lo que marca la pauta de una existencia y una vida auténticamente filosóficas:

> Hundiéndose en la realidad y retomando todos sus dinamismos, por muy modestos que puedan parecer, es como el hombre captará y será captado por más realidad y así será no solo más inteligente, sino, en definitiva, más realidad, más hombre.[11]

La voluntad de verdad es principio de una vida crítica y no proclive a las liviandades de los halagos, la fama o el reconocimiento del «intelectual». La verdad de quien filosofa se afirma en sus obras, en su forma de ser, no tanto en sus palabras o en la complejidad de su sistema. Los seres humanos y sus producciones, materiales o intelectuales, se dan en contextos muy concretos a los cuales responden. Ellacuría, en palabras de Laín Entralgo, fue un *pharmakós*, una vida dedicada a la erradicación de los males de este mundo, concretamente de El Salvador. Tanto su obra como su vida se encaminaron a lo que abordaremos a continuación con la idea de la filosofía como actividad política liberadora, cuya opción preferencial son los pobres y los descartados de la historia.[12]

---

11 I. Ellacuría, «La superación del reduccionismo idealista en Zubiri», en *Escritos filosóficos*, vol. 3, *op. cit.*, p. 430.

12 Cf. P. Laín Entralgo, «El discipulado zubiriano», en J. Sobrino y R. Alvarado (eds.), *Ignacio Ellacuría: «Aquella libertad esclarecida»*, *op. cit.*, pp. 99-100.

Filosofía como actividad política liberadora: la opción preferencial por los pobres

El carácter político de la filosofía no equivale a una filosofía militante, pues no está al servicio de ningún partido político, sino de la verdad y de su realización concreta en la vida de los pueblos. Esta consideración se afianza en que la realidad del ser humano es de carácter histórico, porque la misma inteligencia lo es. El carácter histórico nos remite a la *situacionalidad* de la inteligencia, cuya función es aprehender la realidad en cuanto tal y situarnos en ella.[13]

En virtud de nuestra inteligencia nos ubicamos en el campo de lo real y lo enfrentamos de cara a la supervivencia biológica, pero también a nuestra personalización, yendo más allá de lo meramente biológico, porque la formalidad de la inteligencia no es de estímulo (propia de los animales no humanos), sino de realidad: las cosas se le imponen al ser humano como algo que es «de suyo», cuya realidad es anterior al acto de simple y mera aprehensión llevado a cabo por la inteligencia.

Frente a esta primacía (o *prius*), la inteligencia queda «liberada» del estímulo: ya no hay una respuesta garantizada frente a cada situación, proyectando la inteligencia humana al campo de la voluntad y el sen-

---

13   Cf. I. Ellacuría, «Hacia una fundamentación del método teológico latinoamericano», en *Escritos teológicos*, vol. 1, San Salvador, UCA Editores, 2000, pp. 205-210.

timiento, pero también a la posibilidad para optar.[14] La vida humana es radicalmente abierta, pues siempre habrá de constituirse a partir de una opción, tomada en el marco de un sistema de posibilidades, porque el ámbito en el cual transcurre la vida humana, entendida social e individualmente, es el histórico. La historia es «donde se nos da no solo la forma más alta de realidad, sino el campo abierto de las máximas posibilidades de lo real».[15]

La opción, a partir de lo que ya hemos analizado, nos indica que hay una situación (un momento histórico) desde la misma inteligencia y, por tanto, una parcialización respecto de cómo habremos de hacernos cargo de la realidad. Todo ejercicio intelectivo tiene un carácter opcional, parcializado, contextualizado, y por eso es una forma de responder históricamente ante la realidad. En la inteligencia hay un triple momento: uno intelectivo o de enfrentamiento real con la realidad y con cada situación; uno ético, que implica cargar con la exigencia de las cosas, los problemas y la propia realidad personal y colectiva; uno práxico, o de respuesta ante la situación que, en la medida en que comprendamos lo que las cosas y la vida humana son, será transformador o liberador de más realidad: *plenificará* lo que somos, lo que las cosas son, nuestro mundo y el

---

14   Cf. *Id.*, «La historicidad del hombre en Xavier Zubiri», en *Escritos filosóficos*, vol. 2, *op. cit.*, pp. 218-222; *Filosofía de la realidad histórica*, San Salvador, UCA Editores, 1990, pp. 413-415.

15   *Id.*, «El objeto de la filosofía», *op. cit.*, p. 87.

futuro colectivo.[16] Esto es lo que conecta a la filosofía con su intrínseca politicidad: «El filósofo —si realmente lo es— filosofa desde su situación, y esta situación es hoy más que nunca una situación pública y política, configurada últimamente por esta dimensión de publicidad política».[17] Lo político es fundamental para la idea de filosofía ellacuriana (como forma de saber, forma de vida y como dadora de sentido) porque de ahí se desgaja la cuestión del rumbo que tomará la historia y el destino humano, en la medida en que el sentido siempre está en relación con la realidad humana. No es algo que se dé en abstracto o con independencia de lo que las cosas sean para el ser humano.[18]

El carácter político de la filosofía deriva entones de su función en la sociedad y, precisamente por eso, no puede desentenderse de lo que acontece en ella, so pena de caer en abstracciones y mistificaciones. La historia de la humanidad es forzosamente política, por lo que también deberá serlo la filosofía como *logos* histórico, cuyo objeto radica en lo más profundo y rico de la realidad, esto es, el mundo histórico. La filosofía es una búsqueda de la verdad *situada*; porque no existe *la* verdad fuera de la historia, el contenido de la verdad será algo que se irá revelando a medida que la humanidad construya la historia y esta se vaya

16   Cf. *Id.*, «Hacia una fundamentación del método teológico latinoamericano», *op. cit.*, pp. 208-210.

17   *Id.*, «Filosofía y política», *op. cit.*, p. 49.

18   Cf. *Id.*, «La filosofía como síntesis de la vida intelectual y la vida política», *op. cit.*, p. 384.

plenificando.[19] El ejercicio filosófico parte del reconocimiento del *desde dónde*, pero también del *para quién* se filosofa, pues no se puede saber con toda certeza lo que las cosas son sin tener claridad en estos dos aspectos. Por eso, la filosofía tiene una *función liberadora*, no de una parcela de la realidad o de un grupo, sino de la totalidad de la realidad y la totalidad de la humanidad. La liberación debe asumir, en sus propios dinamismos, a todas las demás formas de realidad, so pena de caer en parcializaciones que no son fructíferas o terminan constituyéndose en nuevas formas de opresión: debe ser integral.[20]

El carácter ético de la filosofía entra en juego cuando tiene la posibilidad intrínseca de distanciarse críticamente de las estructuras materiales, económicas, políticas, etcétera. La opción por el lugar desde el que se filosofa es un momento ético que puede ser opresor o liberador: se puede optar por evadirse en abstracciones y prescripciones universalistas, racionalistas y asépticas, o atenerse al aplastante peso de la injusticia, muerte, opresión y represión que radica en la configuración de la realidad histórica actual y hacer de esta negatividad el criterio que ilumine la praxis que habrá de erradicar el mal histórico.[21] La filosofía, desde la

19   Cf. *Id.*, «El objeto de la filosofía», *op. cit.*, p. 89.
20   Cf. *Id.*, «En torno al concepto y a la idea de liberación», en *Escritos teológicos*, vol. 1, *op. cit.*, p. 640.
21   Cf. *Id.*, «Función liberadora de la filosofía», en *Veinte años de historia en El Salvador (1969-1989). Escritos políticos*, vol. 1, *op. cit.*, pp. 112-113.

perspectiva ellacuriana, debe comprender la liberación como un proceso histórico vehiculado por la praxis, cuyo carácter liberador se apoya en una opción parcial y preferencial por los sujetos de la liberación: las mayorías populares (en clave secular) o el pueblo crucificado (en clave teológica).[22] Estas mayorías se convierten en lugar que da verdad y en criterio de verificación de la falsedad de los valores del modelo cultural vigente y por eso en ellas se puede revelar el principio de superación de la negatividad histórica. La filosofía debe preguntarse por la realidad desde la negatividad histórica de las víctimas y, en consecuencia, por la negación de la revelación de lo más pleno de la realidad.[23]

Si la filosofía es capaz de liberarse del lastre que supone la oposición entre sentir e inteligir, cuerpo y alma, naturaleza e historia, entonces podrá volver a ser lo que ha debido ser y encargarse de la realidad. El reduccionismo idealista supone, a juicio de Ellacuría, una desviación de la filosofía respecto de la realidad. No hablamos aquí de una realidad en abstracto, sino de la realidad histórica situada de cada filósofo: los presupuestos sobre los que se apoyó buena parte de la tradición filosófica, en su problematización de la realidad, nunca se cuestionaron. El problema radica sobre

22 Cf. *Id.*, «El pueblo crucificado. Ensayo de soteriología histórica», en *Escritos teológicos*, vol. 2, *op. cit.*, pp. 152-153.
23 Cf. *Id.*, «Función liberadora de la filosofía», *op. cit.*, pp. 114-115; «Quinto centenario de América Latina, ¿descubrimiento o encubrimiento?», en *Escritos teológicos*, vol. 2, *op. cit.*, pp. 526-527.

todo en la consideración sobre la que se fundó el reduccionismo idealista: que el principio de lo real es el ser, y que este tiene un carácter estrictamente ideal, inmaterial, inmutable, separado y permanente.

Cualquier consideración que sea incapaz de dar cuenta de la unidad estricta y procesual entre realidad e inteligencia es insuficiente. Ellacuría pudo comprender esta función como la misión de cualquier filosofía que quiera ser filosofía pura y no pura filosofía. La realidad más alta es la realidad histórica, pero su lugar de revelación por antonomasia no solo es histórico, también es negativo y, por tanto, es el principio de interpelación para quien filosofa. La filosofía nunca puede ser neutral. Aún más, la pretensión de neutralidad es la más peligrosa de las trampas, porque nunca hay un cuestionamiento sobre el desde dónde y el para quién se filosofa y, en consecuencia, tampoco puede haber transformación verdadera de la realidad para que esta dé más de sí. Ciertamente, no podemos exigir que las mayorías populares filosofen a la manera de un universitario, pero sí decidir partir de sus sufrimientos, inquietudes y temores como lugar de iluminación de la totalidad, sin abandonar la rigurosidad y criticidad propias de esta forma de saber.

LA REALIDAD HISTÓRICA
COMO OBJETO FILOSÓFICO

En el capítulo anterior abordamos la idea de filosofía de Ignacio Ellacuría y analizamos cuáles son las dimensiones que, a su juicio, competen al filosofar. Si quiere ser filosofía pura y no charla inoperante, la filosofía debe responder, según él, a lo que es y lo que va siendo la realidad. Desde luego, esto no es posible si el filosofar no logra dar al mismo tiempo con la totalidad y con las cosas que expresan ese todo. Solo así pueden cobrar sentido cabal los saberes y haceres humanos, pero también solo de este modo es posible comprender con radical profundidad las raíces de muchísimas problemáticas de nuestra vida, en la dimensiones personal, comunitaria, política, económica, entre muchas otras. En su discurrir intelectual sobre la realidad, toda filosofía persigue la constitución de un objeto a partir del cual explicar esa totalidad y sus momentos; esto se expresa en un objeto o concepto: por ejemplo, para Platón es el «Bien», para Aristóteles la «Sustancia», para Descartes el «Yo», para Hegel el «Absoluto».

Reparemos en un asunto importante: el objeto de una filosofía no es el punto de partida, sino el término de todo el esfuerzo intelectual de quien filosofa, pues ha debido reflexionar, desde su tradición, sobre las deficiencias y necesidades de comprensión de lo real. Desde su saber específico y ubicación histórica, la reflexión decanta en este objeto que articula, despliega y explica la realidad. En el caso de Ignacio Ellacuría, esto no es nada distinto, pues el objeto de toda filosofía es la realidad histórica. Su peculiaridad radica, lo hemos visto ya, en su forma de entender la actividad intelectual, pues para él lo filosófico nunca estuvo desconectado de lo político, tampoco de lo teológico ni de lo universitario.

Por lo ya dicho, en este capítulo abordaremos qué es la realidad histórica como objeto de la filosofía propuesta por Ellacuría, que nos permitirá comprender con mayor precisión sus análisis sobre la realidad que vivió y a la que intentó responder hasta donde sus fuerzas y las circunstancias le permitieron. Y es que si la filosofía es uno de los términos del ejercicio intelectivo y el propósito primario de la inteligencia es la estabilidad y viabilidad biológica de la humanidad, entonces uno de los propósitos fundamentales de la filosofía debe ser la recta humanización de nuestra especie. Esto significa que debe preocuparse por criticar los modos de vida, conocimiento y valores vigentes, pero también proponer vías alternativas que nos permitan romper con un orden de cosas que no es humanizador ni bueno. Ignacio Ellacuría también consideró que un correcto ejercicio filosófico, hecho desde una opción preferencial por la humanidad sufriente, debía cumplir con ciertos requisitos que él mismo también procuró para su propia actividad intelectual, a fin de no caer en reduccionismos, que también criticó. Estos puntos nos darán claridad a la hora de sumergirnos en los componentes estructurales de la realidad histórica.

Las condiciones son las siguientes: primero, toda filosofía debe tener como base una teoría de la inteligencia y del sentir. Ya hemos mencionado que a lo largo de la historia de la filosofía han pesado mucho los dualismos u oposiciones dicotómicas entre la mente y el cuerpo, el cuerpo y el alma, la naturaleza y la historia, la racionalidad y el sentir, entre otros. En estas oposiciones se le ha dado preponderancia al término inmaterial (alma, razón, espíritu, etcétera) en detrimento y abandono del término material, considerado inferior y por ello despreciable. De ahí que se les considere, desde Parménides, como la vía de la ignorancia, mientras que la vía del pensar sería el camino para el conocimiento verdadero, por lo que abandonar esas ideas dualistas se vuelve una tarea fundamental de la filosofía para dar con la unidad integral de la vida humana. Una mirada unitaria de la realidad y de la vida nos permite crear una relación armoniosa con nuestro cuerpo, nuestros sentimientos, el mundo que nos rodea y con los demás. Si solamente privilegiamos lo inmaterial, entonces no importa la destrucción del mundo, ni de las personas.

Segundo, y en íntima conexión con el punto anterior, Ellacuría consideró que toda filosofía también debe elaborar una teoría general de la realidad en cuanto tal. Esto quiere decir que se debe analizar y explicar la totalidad de lo que hay, no solo una parcela de cosas, como en efecto lo hacen las diferentes ramas de la ciencia. En este sentido, la naturaleza, la historia, la subjetividad, la persona, la sociedad y los valores entran en el análisis de lo que es lo real como unidad. Sin embargo, no en cuanto cosas individuales, sino momentos que expresan la unidad de la realidad total; es decir, en cuanto que cosas reales. Si nos estancamos en un solo aspecto o dimensión (por ejemplo, la subjetividad o la individualidad), entonces caemos en reduccionismos unilateralistas que empobrecen nuestra aproximación a la realidad y, en consecuencia, nos vemos impedidos de explicar la totalidad; por tanto, ya no estaríamos ante un ejercicio filosófico auténtico. Si queremos explicar lo que son las cosas, más allá de sus concreciones individuales, no debemos perder de vista todas las dimensiones que constituyen lo real.

Tercero, siguiendo la línea del punto anterior, la filosofía debe articular una teoría abierta y crítica de sus presupuestos sobre el hombre, la sociedad y la historia. Recordemos que para Ellacuría no hay desconexión entre estas tres formas de realidad; es más, no se da una sin las otras. Más adelante veremos cómo entendió la realidad de la historia, la sociedad y la persona, todas ellas realidades que se determinan y dinamizan mutuamente.

Cuarto, es importante que la filosofía proponga una teoría para fundamentar racionalmente las valoraciones adecuadas sobre el ser humano y el mundo, pues el valor y el sentido no son aspectos de la realidad que estén dados de antemano, pues no son naturales. Por tanto, la reflexión sobre su contenido debe realizarse sin perder de vista las dimensiones individual, social e histórica ya mencionadas. Finalmente, es una tarea de capital importancia la reflexión filosófica sobre el fundamento último de la realidad, o sobre aquella realidad por la cual existe lo que existe en toda su complejidad. Es decir, lo que hace que la realidad sea tal. Además, este fundamento debe analizarse a partir de una consideración no estática de la realidad, porque si esta no fuera dinámica, entonces estaríamos ante un inevitable fatalismo, y esa no fue la intención de Ellacuría. Para él, una visión dinámica de la realidad abre las puertas a la esperanza y a la novedad histórica.[1]

La unidad de estas cinco dimensiones radica en un carácter unitario, pero no monolítico: las cosas reales, las personas, los colectivos, los productos culturales y toda otra forma de realidad es lo que es y expresa su realidad gracias a todo lo demás. Es decir, hay una unidad de codeterminación y dinamización mutua entre la unidad y cada momento de esa unidad, de manera que la totalidad de la realidad es compleja, diversa y dinámica: las realidades de hoy no son las de hace cien, quinientos o tres mil años, y aunque esto a primera vista parezca evidente, no lo es el proceso por el cual, desde los orígenes del cosmos hasta nuestra

1   Cf. I. Ellacuría, «Función liberadora de la filosofía», *op. cit.*, pp. 105-107.

época, ha surgido todo aquello con lo que contamos y lo que podemos crear a partir de ello. Cuando Ellacuría planteó la realidad histórica como el objeto de la filosofía, lo hizo porque las preguntas por la realidad y lo humano son formuladas por individuos concretos en momentos históricos concretos; lugares y tiempos que no emergen de la nada. Es el ser humano el que se pregunta: la pregunta por las cosas no se habría formulado si no existiéramos y, desde luego, si no hubiera un ámbito histórico que nos posibilitara vivir y preguntarnos por cuestiones fundamentales. No se puede saber o interrogar por lo que es la realidad a secas sin tener en cuenta lo humano y lo histórico, así como el proceso por el cual se han configurado.[2]

A la luz de la reflexión que hemos propuesto hasta aquí, podemos decir que por realidad histórica entendemos la unidad total de la realidad en su grado más alto de apertura: toda forma de realidad, desde la más elemental hasta la historia misma, queda asumida por subtensión dinámica; es decir, que toda realidad nueva se apoya en las anteriores y estas se conservan gracias al carácter estructural de lo real. En otras palabras, la realidad no es una suma de partes, ni unidad sintética en la que un principio externo «une» todos los momentos y partes, sino que es unidad de constitución. Esta unidad y sus momentos se copertenecen y determinan: la unidad es lo que es por sus momentos, y estos son lo que son porque son de la unidad.

2 Cf. *Ibid.*, «El objeto de la filosofía», *op. cit.*, pp. 86-88.

Por ejemplo, la rosa no *tiene* color rojo, sino que *es ella misma* roja: el rojo es *de* la rosa y la rosa *misma* expresa su realidad *en el rojo*. Esto es así tanto en la realidad considerada individualmente como en la totalidad. En el caso de la realidad histórica, la totalidad queda asumida en el ámbito de la historia, que para Ellacuría es la forma de realidad más abierta gracias a la praxis transformadora de los pueblos, pues todas las otras formas de realidad quedan potenciadas por la innovación del hacer de la humanidad. Por eso Ellacuría afirma:

> La realidad histórica ante todo engloba todo otro tipo de realidad: no hay realidad histórica sin realidad puramente material, sin realidad biológica, sin realidad personal y sin realidad social; en segundo lugar, toda otra forma de realidad da más de sí y recibe su para qué fáctico —no necesariamente finalístico— en la realidad histórica; en tercer lugar, esa forma de realidad, que es la realidad histórica, es donde la realidad es *más* y donde es *más suya*, donde también es *más abierta*.[3]

Esta consideración de la unidad de la realidad como realidad histórica es fundamental para romper con muchos de los reduccionismos que ya hemos mencionado, además nos permitirá encontrar pistas para superar los individualismos y hedonismos que nos separan del resto del mundo y nos dejan sin involucrarnos en

3   *Id.*, «El objeto de la filosofía», *op. cit.*, p. 86.

lo que pueda sucederle a nuestro planeta. La realidad histórica no es pues una sumatoria de partes, como si tuviéramos por separado la materia, la forma, etcétera. Es «la realidad entera, asumida en el reino social de la libertad. Es la realidad mostrando sus más ricas virtualidades y posibilidades».[4] La realidad histórica es el ámbito de mayor riqueza y plenitud porque la acción humana, colectiva e histórica, transforma la realidad, dando paso a otras formas de realidad que antes no existían. Pero esta novedad no se da en el vacío, sino que se apoya en otras formas de realidad, como la materia, la vida, la sociedad, etcétera. Solo en esta unidad total es posible que las cosas alcancen su pleno sentido y contribuyan, desde este su para qué último, a la mayor apertura e innovación de la realidad total.[5] Siguiendo este planteamiento, Ellacuría consideró que la realidad histórica debe entenderse como una unidad estructural dinámica en y por sí misma. Para entender qué significa lo anterior, analizaremos los cincos postulados propuestos por él que explicitan lo que es la realidad histórica.

En primer lugar, Ellacuría señala que toda la realidad intramundana constituye una unidad física, compleja y diferenciada. Esto significa que no estamos inmersos en un mundo homogéneo ni estático, pues las cosas son diversas entre sí y cambian, pero también lo hacen las personas y los colectivos. Toda esta rica diversidad y

4   *Ibid.*
5   Cf. I. Ellacuría, «Filosofía y política», *op. cit.*, pp. 50-51.

dinamismo no anula el hecho de que vivimos en un solo mundo ni que la totalidad absorba o impida la diferencia y la complejidad. Si el mundo en el que vivimos no fuera físico, complejo y diferenciado, no estaríamos contando el cuento: no más que materia indiferenciada por toda la eternidad. Para Ellacuría esta unidad es física, porque no está contenida solo en nuestra cabeza; es lo que es y se nos presenta en sí misma y por sí misma.

En segundo lugar, la unidad de la realidad histórica es en sí misma dinámica porque es física y material, y la materia es ella misma dinámica. La concepción ellacuriana de la materia se aleja radicalmente de las ideas clásicas que sostienen que la materia es inerte y que, por tanto, hace falta apelar a un principio externo y generalmente inmaterial para explicar cómo y por qué las cosas se mueven, cambian, perecen, etcétera. Como tercer punto, el dinamismo no se debe confundir con dialéctica (como consideraron Hegel, Marx y Engels), porque el movimiento dialéctico solo se encuentra en algunas manifestaciones de lo social y lo histórico, pero no necesariamente en todas. Un ejemplo de la expresión dialéctica del dinamismo lo vemos en la tensión entre el bien común y el mal común, como discutiremos en el último capítulo. En cuarto lugar, este dinamismo tiene carácter innovador, es decir, que da más de sí, a partir de la liberación de formas superiores y más complejas de realidad a partir de las inferiores, como ya explicamos, por lo que la unidad del proceso de constitución de la realidad histórica es ascendente, aunque no predeterminada ni finalística.

Finalmente, esta unidad, que es la realidad histórica, es la manifestación suprema de la realidad, porque todas las formas de realidad y los dinamismos que asume en su unidad la hacen más compleja y abierta a una amplísima gama de posibilidades para irse haciendo desde la praxis individual y colectiva.[6] Esta realidad histórica se expresa en dos dimensiones: una física y otra transcendental. Recordemos que por físico no entenderemos aquí lo corporalista, ni por transcendental lo que está fuera del mundo: iremos a lo que constituye a las cosas en su dimensión individual concreta como momentos materiales de la historia y a lo que es la historia como forma de realidad. Esto nos dará la pauta para analizar con rigor el gran problema del mal que afecta a la mayor parte de la humanidad, al sujeto preferencial al que sirvió Ellacuría.

DIMENSIÓN FÍSICA DE LA REALIDAD HISTÓRICA: MATERIA, ESPACIO, TIEMPO Y VIDA

La vida humana no se hace en el vacío, ni parte de cero, ni se crea desde la nada: toda nuestra actividad, conflictos, proyectos, deseos y decisiones se hacen *en* la realidad y *con* ella. Entonces, ¿qué es esta realidad y qué son las cosas con las que vivimos? ¿Cómo podemos pasar de la simple materia a la historia para comprender esta mayor apertura de la realidad que observa Ellacuría?

6   Cf. I. Ellacuría, «El objeto de la filosofía», *op. cit.*, pp. 76-88.

¿Cómo entendemos la praxis? ¿Cómo están relacionadas las dimensiones física y transcendental en la realidad histórica? Analizaremos en este apartado lo que para Ellacuría es la dimensión física de la realidad histórica para, en el segundo, centrarnos en los aspectos que conciernen a su dimensión transcendental, pues la realidad histórica es el objeto que explica qué es la realidad en el ámbito histórico, donde mejor se aprecia, siguiendo a Ellacuría, la máxima liberación de formas de realidad a partir de la praxis.

Vamos al inicio, a lo más modesto, pero también fundamental de nuestro mundo: la materia como principio del dinamismo de la realidad histórica. Hemos mencionado ya que la realidad no es estática y que el dinamismo no es lineal ni finalístico o predeterminado. Entonces ¿qué forma tiene este dinamismo por el que la realidad va dando de sí nuevas formas de realidad? Nuestro autor considera que es un dinamismo evolutivo, con la forma de desgajamiento exigitivo-liberación de funciones-subtensión dinámica: pensemos en los primeros segundos y minutos luego de la explosión primigenia del *Big Bang*, en la liberación de energía que se estabiliza y da paso a los átomos, las moléculas —que no son sino combinaciones atómicas con ciertas propiedades—, en los corpúsculos de materia organizada, etcétera. Todo este gran despliegue de realidades nuevas se realiza desde la materia misma como principio desde el que hay complejización, de modo que toda realidad nueva, para que pueda surgir, lo hace desde otra anterior que es menos compleja, pero sin la cual no existiría. Y la realidad inferior, que ha dado paso a la nueva, no desaparece, queda «contenida» en la que ha desgajado desde sí misma.[7] Así, la constitución de la realidad no es un «crear» y «destruir» formas de realidad, sino más bien que las cosas reales, por ser materiales, son dinámicas y van dando de sí su propia realidad, pero también otras realidades que modifican cualitativamente a la totalidad del mundo y hacen que su unidad sea más estricta. En definitiva, este dar más de sí implica ser *más que sí mismo, desde sí mismo*.

Si las cosas reales fueran estáticas, no tendrían estabilidad en su constitución y, en consecuencia, no serían viables. Esto es así en toda forma de realidad: nada permanece igual, todo cambia, todo se va innovando y «conservando» en las realidades nuevas. Si lo vemos de esta manera, por el dinamismo llevamos en nosotros esas primeras partículas desde los inicios de nuestro universo que dieron de sí las realidades de las cuales emergió nuestro planeta y luego nuestra especie, por lo que también tenemos mucho compartido con las otras especies animales, las plantas y los minerales; lo mismo sucede con las sociedades, la cultura y la historia. Por esta razón, este dinamismo de desgajamiento exigitivo-liberación de funciones-subtensión dinámica está transciendo a toda la realidad, configurándola en el proceso ascendente y de mayor complejidad al que antes nos referimos.

7   Cf. I. Ellacuría, *Filosofía de la realidad histórica, op. cit.*, pp. 113-115.

La idea del dinamismo material nos previene de caer en consideraciones abstractas, según las cuales la realidad personal y la actividad social están deslindadas de la materialidad del mundo y de las estructuras a las que dan paso. El espiritualismo que se pregona en la actualidad cobra formas aparentemente inocuas, risibles y hasta triviales, pero que en realidad nos vuelven más indolentes y neutrales frente a las injusticias, pues nos dice que no es necesario movernos de nuestra silla para cambiar el mundo, que las transformaciones se centran solo en cambiar la forma de pensar o de hablar, que esta forma de vida es la mejor y que solo queda mejorar algunos aspectos, etcétera. En suma, son maneras veladas de convertirnos en individuos solipsistas, desarraigados, viviendo en un inmediatismo ciego en el que la satisfacción de la voluntad individual no transforma realmente el estado de cosas que genera descontento:

> Solemos vivir aparentemente *porque sí, porque así* son las cosas y *así* debemos comportarnos y *así* debemos esperar que sucedan los hechos [...]. Somos soldados de lo inmediato, soldados al servicio *de* lo que opera como un significado que es trascendente.[8]

Vivimos *como si* la materialidad de la naturaleza y la energía fueran inagotables, *como si* fuéramos eternos,

---

8   R. Espinoza Lolas, *Hegel y las nuevas lógicas del mundo y del Estado. ¿Cómo se es revolucionario hoy?*, Madrid, Akal, 2016, p. 197.

alimentando el vacío insaciable en el que esta civilización nos ha instalado a través de todo tipo de consumo, derroche y afán de reconocimiento. Ellacuría constató que no *debemos* vivir así, porque no es bueno ni humano; hay una vida plena y con sentido que puede alcanzarse si nos atenemos a lo más modesto de las cosas para entender la unidad estructural de nuestro mundo y cambiar la relación que tenemos con él. Por ello, pensó la realidad histórica como objeto de la filosofía y como categoría clave en el análisis político, social, cultural y universitario, todas ellas dimensiones y fuerzas históricas que configuran el ámbito humano. Señalado todo esto, es importante aproximarnos a la realidad histórica desde la materia, porque esta es la que va dando de sí misma otras formas de realidad, complejizando la estructura unitaria del mundo, hasta llegar a la historia y todas sus dimensiones.

La materia

Para Ellacuría, materia no es sinónimo de cuerpo, ni de lo empírico o tangible, sino de lo constitutivo o esencial de algo. La materialidad de lo real y de lo histórico supone que hay presencia de la naturaleza en la historia, tanto en lo concerniente a la materia prima con la que el ser humano crea útiles, monumentos y ciudades, como a la existencia misma de la especie *Homo sapiens*, lo cual incluye al planeta mismo y sus condiciones para que surgiera la vida. Por tanto, no partiremos de una supuesta contraposición entre naturaleza e historia —puesto que no hay realidad sin materia—, sino de la idea de la mutua codeterminación entre ambas: aunque la historia emerge de la naturaleza, también es cierto que adquiere determinados poderes que le permiten modificarla y dominarla, aunque esto implique peligros para la viabilidad misma de la historia.

Con esto presente, nos preguntamos por lo que es la materia. Partamos de un hecho en el que hemos insistido, y es el carácter activo de la materia, por ser principio de constitución y estructuración de las cosas. La materia es aquello por lo que las cosas se realizan y presentan, pero hay que tener en cuenta que no son unidades monádicas, homogéneas e indiferenciadas por dentro y por fuera, sino estructuras con momentos que expresan lo que son y van siendo. A partir de estas consideraciones podemos definir la materia como «unidad de elementos en estado constructo, de modo que cada elemento tiene una determinada "posición" dentro del sistema, una posición que no es una mera "colocación", sino una positiva posición espacio-temporal-dinámica».[9]

Por ser lo real de carácter material, la unidad de la totalidad y las cosas como momento de dicha totalidad constituyen un sistema activo que se dinamiza de múltiples maneras: movimiento, cambio, mutación, evolución, entre otras. Este dinamismo sistemático posibilita

9 I. Ellacuría, *Filosofía de la realidad histórica, op. cit.*, p. 52.

que haya un proceso de complejización estructural, de gradación e individualización: pasamos de la materia elemental a las partículas, de estas a los cuerpos y de ellos a la vida. Y de la vida a la hominización, la sociedad, la personalización y la historia. El dinamismo primario de la realidad, como ya mencionamos, se entiende como un «dar de sí»: no es emanación de otra cosa, ni dialéctica o término de un proceso, sino un dinamismo anterior al cambio y al movimiento; es «la forma como se presenta primariamente la respectividad sistemática de cada cosa real».[10] El movimiento y el cambio son funciones que expresan este dinamismo, son los modos en que la realidad es respectiva. Por «respectividad» entendemos la forma en que está constituida la realidad por ser real, determinando de modo no teleológico la función y relación de cada cosa (interna y externamente) y la unidad total. Cada cosa es tal, o es como es, *respectivamente*. El cambio y el movimiento que sufren las cosas son momentos que expresan el dinamismo unitario del cosmos, al mismo tiempo que lo van modificando cualitativamente. Por ello decíamos que la realidad no es suma de partes, sino un solo sistema dinámico y estructurado.

El movimiento, por su parte, es una nota constitutiva de la estructura de la realidad, codeterminada por las demás notas y por ser parte del sistema: no es una realidad separada de la cosa. En este punto, conviene aclarar que una nota se define como un momento

10   *Ibid.*, p. 59.

propio de la estructura de la cosa, que tiene una posición y una función en la unidad total: peso, lugar, magnitud, etcétera, pero cuya realidad, posición y función solo son tales porque son de la cosa y es respectiva tanto a la cosa entera como a las otras notas propias de ella. Por ejemplo, una nota del martillo de hierro es su peso: el peso no existe por sí mismo, sino solo como algo propio de este martillo de hierro, y el martillo es *este* martillo en concreto porque pesa tal o cual cantidad. A su vez, el peso es tal o cual porque el hierro tiene tales notas por su constitución, y así sucesivamente. Lo mismo sucede con el movimiento: no es que las cosas se trasladen de un punto a otro o que varíen por una causa externa, sino que, dado su carácter material dinámico, son móviles y varían por sí mismas.

Aunque el movimiento puede entenderse como desplazamiento local, también implica la variación o el cambio, porque el dinamismo se expresa en estas dimensiones: movimiento, cambio o mutación, y el dar de sí. Cuando las cosas expresan su dinamismo se «despliegan» desde sí mismas y por sí mismas, por lo que cambian, se desplazan, dan paso a otras realidades, etcétera. Además, las cosas se dinamizan desde sí mismas porque la materia es *poderosa*, aunque no toda realidad comprendida individualmente lo sea de la misma manera. Gracias a su poder, la realidad da paso a la diversidad y la novedad:

Desde la materia elemental hasta la aparición evolutiva de la realidad humana, no solo han aparecido nuevas realidades, sino que cada vez ha habido más realidad. […] Se trata de un proceso estricto de realización cuya novedad es cualitativa.[11]

Por el carácter material de la realidad tenemos una sola unidad de realidad que llamamos «cosmos». Esta idea del carácter dinámico de la materia como principio de toda forma de realidad repercute en la manera de comprender nuestra relación con la realidad material del mundo. Dada la situación de inminente destrucción de nuestra forma de vida, la pregunta no se trata de si la materia es inagotable o eterna, sino de cómo, desde nuestra actividad histórica en el mundo, podemos destruir a la naturaleza o la base material de nuestra historia.[12]

El espacio y la espaciosidad de la realidad

Las reflexiones sobre la materia nos conducen a plantear su relación con el espacio. Si algo es material o real, entonces necesita ocupar un espacio y estar en alguna parte, pues lo real no es mera percepción subjetiva que añadimos a una cosa, como teorizó Kant en su *Crítica de la razón pura*: si esto fuera así, entonces podríamos cambiar arbitrariamente, desde la imagi-

11   H. Samour, *Voluntad de liberación: el pensamiento filosófico de Ignacio Ellacuría*, San Salvador, UCA Editores, 2002, p. 135.
12   I. Ellacuría, *Filosofía de la realidad histórica, op. cit.*, p. 67.

nación y por nuestra voluntad, la ubicación, posición y lugar en el que algo se encuentra. Pero las cosas, ha señalado ya Ellacuría, son reales por sí mismas, al margen de la percepción que tengamos de ellas, lo cual implica que la realidad *no tiene* espacio —el espacio no es algo añadido o en lo que se «ponen» las cosas—, sino que *es* espaciosa, pues las cosas reales, lo hemos dicho ya, son estructuras y por eso son multidimensionales —es decir que no son planas, ni cerradas—. De ahí que el espacio sea una dimensión que emerge del carácter estructural de la realidad como totalidad y también de las cosas individualmente consideradas.

Detengámonos en la idea de la estructura dinámica de la realidad para entender esta última cuestión: por ser de carácter material, todas las cosas son dinámicas, pues expresan desde sí mismas su propia realidad, y esto lo hacen en un lugar, ocupando un espacio y siendo ellas mismas espaciales. Un ejemplo que ilustra esta idea es una casa. Dejemos de lado el hecho de que sea una realidad creada por el ser humano: la casa como realidad unitaria es una estructura; sus paredes, techo, ventanas, marcos, color de las paredes, etcétera, son momentos estructurales de la unidad. Pero no son partes: no serían las paredes o las ventanas de *esta* casa si no hay unidad, pero la unidad de la casa no tendría forma de presentar su realidad desde sí misma sin sus momentos estructurales. Esta unidad de constitución entre los momentos y la unidad es la respectividad, que tiene dos aspectos: respectividad interna (en el nivel de las notas de la cosa) y externa (la cosa respecto de todas las demás cosas).

Teniendo en cuenta esto, el espacio es la expresión de este dinamismo respectivo interno y externo: en el plano externo, la cosa *tiene que ocupar un lugar* respecto de las demás y en la totalidad de la realidad; en el interno, las notas también ocupan una posición en la estructura, como lo son los momentos de la casa. Y según sea su posición, así tanto las notas como la cosa entera tienen ciertas funciones, propiedades, poderes causales, entre otros aspectos de expresión de su propia realidad. Si seguimos con el ejemplo de la casa, la función de la ventana es dejar pasar la luz de *esta* manera porque su posición está en un marco en tal pared que tiene tal posición, y así sucesivamente. La casa, por su parte, ocupa un espacio por su estructura y está en algún lugar, pero también sus propiedades y funciones dependen en el plano interno de los momentos que expresan su unidad y a su vez de las otras realidades respecto de las que está.

Este ejemplo nos permite evidenciar una dimensión importante de la espacialidad de lo real, y es que todas las cosas están fuera unas de otras, tanto por su propia constitución individual como respecto de la unidad del cosmos. Pero aunque *externas* las unas de las otras, no están desconectadas o separadas, sino que, por emerger de esta unidad material de realidad que es el cosmos, se encuentran en constitutiva versión.[13]

13 La versión es respectividad, pero en el plano interno de una

Por esta razón, las cosas son «ex» respecto «de» otras: son *externas entre sí*, y esta externalización es procesual, es decir, que se funda la «ex-tensidad» como principio de la espaciosidad: la casa es *extensa* porque la realidad es una estructura en la que cada nota y cada cosa tienen un orden, una función y una posición que se apoyan y determinan mutuamente. Este carácter espacioso de la realidad hace posible que haya movimiento, cambio, mutación, evolución y otras expresiones del dinamismo, porque la respectividad funda el espacio en el que también están las cosas reales.

Debido a la diversidad de formas de realidad y de la espacialidad de cada una, el espacio en cuanto tal no es una estructura uniforme ni un plano en el que están las cosas, sino algo que ha posibilitado que surjan distintas formas de realidad de manera procesual y evolvente. Por eso Ellacuría habla de regiones del espacio y, por tanto, regiones de realidad, según los nuevos tipos de realidad que han emergido con la organización y estabilización progresiva de la materia: tenemos

forma de realidad (una cosa individual, una especie, el cosmos), mientras que la simple respectividad hace referencia a la dimensión externa de la cosa. Esta idea rompe con la noción de que nuestra realidad es un añadido de cosas que están previamente separadas, pero también de que hay una sola parte de las cosas que es lo primordial por encima de las demás (el alma por encima del cuerpo, por ejemplo). Lo que tenemos es una sola realidad y todo lo que hay es expresión y concreción de ese todo dinámico. Por esto, lo que sucede en una forma de realidad —o en una de sus dimensiones— repercute en las demás formas de realidad y en la totalidad de lo que hay.

primero las moléculas, la materia no viva, las galaxias, los sistemas planetarios y la vida. De la vida surgen, por dinamismo evolutivo, distintas especies de las cuales, eventualmente, se desgajó nuestra especie. Las regiones del espacio tampoco están desconectadas, toda nueva región emerge de la anterior y se apoya en ella, en la línea de análisis que hemos venido sosteniendo sobre la unidad de la realidad total.

Esto nos indica que el espacio de cada forma de realidad ha ido alterando a los demás y dando paso a nuevas estructuras de las cuales surgen otras formas de realidad: es por eso por lo que sin los otros y sin la realidad no podemos existir ni ser lo que somos. Sin la estabilización de la materia cósmica de nuestra galaxia, nuestro planeta hubiera sido inviable. Asimismo, las condiciones estructurales y espaciales de la Tierra posibilitaron la constitución de la biósfera y con ello la vida como forma de autonomización del espacio (o autoposesión), con lo cual vemos que la estabilización también conlleva la liberación de nuevas formas de realidad:[14] sin biósfera no habría seres vivos; sin capacidad cerebral en los animales no habría psiquismo; sin espacialización interna ni psiquismo para que existiera la persona, no habría historia.

La historia, por su parte, tiene su espacio propio, que se apoya sobre todos los dinamismos espaciales anteriores y las formas de realidad que surgen de di-

---

14   H. Samour, *Voluntad de liberación: el pensamiento filosófico de Ignacio Ellacuría, op. cit.*, p. 141.

chos dinamismos, pero específicamente es la realidad humana la que determina la aparición de la estructura histórica. En el caso de la realidad histórica, no habría procesos históricos sin espacio histórico, el cual se apoya dinámicamente sobre las demás estructuras espaciales, sin reducirse a estas ni viceversa. Por eso la realidad es una unidad dinámica de carácter procesual, pues unas notas vienen después de otras en la conformación de la estructura, y unas estructuras surgen apoyándose en las anteriores, alterando y enriqueciendo todo lo que la realidad puede dar de sí, incluida la historia.

La temporalidad de la realidad

Es un hecho innegable que el tiempo transcurre y que todo, las sociedades y la humanidad, sucumben a su paso. Recordemos que las cosas reales y la totalidad de lo real no son unidades cerradas ni desconectadas entre sí, sino estructuras respectivas y dinámicas, por lo que son espaciales y expresan su realidad en sí mismas y por sí mismas. Esto incluye su dimensión temporal: el tiempo no es algo separado de las cosas reales, es decir, las cosas no *están* en el tiempo, *son* temporales, y su forma de expresar su temporalidad y duración es en su propia realidad. Por eso Ellacuría nos dice que «el fenómeno temporal es, por lo pronto, un fenómeno que aparece en aquellas realidades donde unas notas vienen "después-de-otras", tienen una exterioridad que no es espacial, sino sucesiva»;[15] esto implica que el dinamismo de las cosas es progresivo y ordenado, es decir, hay sucesión procesual en su dar de sí.

La temporeidad afecta la forma de ser real de cada cosa y de la totalidad, pues no altera solo el «interior» de la cosa, también se expresa en el plano externo: las manifestaciones de la realidad de toda cosa se dan según un orden procesual determinado, es decir, no puede suceder cualquier cosa en cualquier momento, sino según el tipo de estructura de la cosa. En el caso del ser humano, esto se evidencia en el desarrollo corporal: el crecimiento óseo, los cambios en la piel y del tono de la voz, por ejemplo, son el despliegue externo de este dinamismo interno del cuerpo humano, que se realiza de tal manera porque su estructura es precisa y no permite otro tipo de orden. Si hay una alteración en el orden sucesivo de su dinamismo, entonces pueden ocurrir daños en la estructura, como los que provocan el cáncer.

El ejemplo del cuerpo humano y las enfermedades nos permite ilustrar que el tiempo no tiene una forma propia predeterminada, aunque para efectos de su análisis, puede representarse como una línea —en el caso de nuestra cultura, tendemos a considerar el tiempo de forma lineal y como algo externo en lo que se está, aunque esto no equivale, como veremos, a que *realmente* el tiempo sea así—. Imaginemos una mano que dibuja una línea: cuando el lápiz va trazando la línea,

15 I. Ellacuría, *Filosofía de la realidad histórica, op. cit.*, p. 76.

esta «aparece» de forma oblicua, es decir, como algo que «pasa» continuamente y que tiene una unidad. Esta unidad posee los tres momentos del pasado (cuando se dibujó el punto del que parte la línea), presente (la línea yendo en el papel de un punto a otro) y futuro (la que continuará de la línea desde lo ya dibujado).

Hay continuidad porque el tiempo también tiene carácter estructural en la medida en que las cosas son estructuras, y su dinamismo y realidad se *ex*tiende temporalmente.[16] Ellacuría señala que el tiempo tiene, en este análisis lineal, tres características: conexión, dirección y medida. En su carácter de *conexión*, el tiempo es continuo, abierto, aperiódico y ordenado: primero, la continuidad supone que hay unidad entre el presente, el pasado y el futuro; si no fuera así, las estructuras colapsarían: siguiendo el ejemplo, el cuerpo humano perecería porque habría una falla orgánica en el nivel estructural. Es necesario señalar esto porque «el elemento de la continuidad es el más esencial y básico»,[17] pues es el que permite la viabilidad estructural de las cosas.

Segundo, esta línea es abierta, pues las realidades no están dadas de forma determinística y, en consecuencia, en la línea que hemos trazado nunca hay un punto —el ahora o el presente— que sea el último: «el mismo *"ahora"* es el último de la línea del pasado

16   Cf. R. Espinoza Lolas, *Realidad y tiempo en Zubiri*, Granada, Comares, 2006, pp. 207-208.
17   *Ibid.*, p. 219.

y el primero de la línea del futuro. Se trata, además, de un conjunto infinito de *ahoras* que se corresponde biunívocamente con los puntos de una línea».[18] Si no hubiera continuidad temporal, ni las cosas inanimadas ni la vida serían posibles, mucho menos la historia; también significa que el transcurso temporal no está acotado en ningún momento y por eso no podemos hablar de determinismos históricos ni de destinos manifiestos para ningún ser humano o pueblo. Lo que sí debe ponernos en guardia es que la sucesión o el «pasar» del tiempo supone que cada punto es *irrepetible*, por lo que aquello que ya fue *no puede ser más*. En el orden histórico esto implica que aquellas posibilidades que realicemos pueden anular otras que hubieran podido ser más beneficiosas, pero que ya no se podrán realizar. Por ejemplo, el asesinato de Julio César no se puede deshacer, tampoco revertir las consecuencias que afectaron el curso de la historia.

Tercero, en cuanto a la aperiodicidad, el orden de la transcurrencia de la línea temporal nos permite distinguir qué momento es anterior o posterior, lo cual no supone un determinismo, pues ningún punto determina *unívocamente* al siguiente. De no ser así, no habría sido posible la historia sino solo el puro azar. Esta forma de entender el orden del transcurso del tiempo ha dado paso a distintas concepciones de la historia, como la griega, la hebrea, la maya, etcétera. En cualquier caso, es posible que haya interpretaciones abiertas

18   I. Ellacuría, *Filosofía de la realidad histórica*, *op. cit.*, p. 78.

o cerradas del transcurso temporal precisamente por estas características que suponen la conexión, la apertura y la aperiodicidad. Finalmente, podemos reparar en que la sucesión abierta y aperiódica de la línea es posible porque el transcurso es ordenado: no se habría desarrollado la escritura si no hubieran surgido las lenguas, y antes la facultad anatómica para el habla.

Por otra parte, los procesos de la realidad tienen un orden porque el tiempo tiene *dirección* u orden de sucesión. Toda forma de realidad se dinamiza de modo sucesivo según su propia estructura. En su transcurrir, el tiempo de estas estructuras tiene la dirección del «desde-hacia», por lo que el pasar del tiempo es irreversible e *irreordenable*, si se nos permite la expresión:

> Podríamos tratar de «engañar» la dirección del tiempo desde la línea del espacio. Y decir que la línea no empieza de izquierda a derecha sino que va de derecha a izquierda y, por ende, [...] se iría de después a antes. [...] Aunque se parta de derecha a izquierda se parte como un antes que va hacia un después.[19]

El carácter irreversible del tiempo nos permite comprender los procesos entrópicos de las estructuras materiales que conforman nuestro mundo, así como la constitución procesual de los fenómenos que corresponden a las realidades más abiertas, como la sociedad y la historia. La conexión y la continuidad generan

19   R. Espinoza Lolas, *Realidad y tiempo en Zubiri, op. cit.*, pp. 238-239.

distancias medibles temporalmente, aunque los tiempos respectivos de las cosas no sean cualitativamente iguales entre sí, porque las cosas no son homogéneas: el transcurso del tiempo implica una *medida* o *distancia* que se puede marcar en esta línea; si volvemos al caso del lápiz que dibuja la línea en el papel, podríamos emplear una regla para medir los centímetros dibujados entre un punto y otro. Este aspecto del transcurso temporal nos ha permitido establecer puntos de referencia, lo que conocemos como tiempo «cronométrico». La referencia más básica que tenemos para medir el paso del tiempo es la luz del sol respecto de la rotación y la traslación de la Tierra: minutos, horas, días, años. Claramente, esta forma de medir el tiempo también depende del carácter espacial unitario de la realidad, pues las cosas son extensas: «El continuo espacial es de suyo medible porque siempre en él se podrá dar un tipo de medida entre los puntos que lo constituyen; y se mide desde una cierta regla: el "reloj"».[20]

En definitiva, todas las cosas transcurren de forma abierta y no están cerradas ni limitadas a una medida determinista en los tiempos del reloj, porque la temporalidad no es algo añadido conceptualmente. Lo que tenemos es una continuidad real *transcurrente*, en la que cada cosa, por tener una estructura propia, tiene un «cuándo», o sus momentos propios en los cuales va dando de sí. Por esto, nos dice Ellacuría, el tiempo no es homogéneo ni unívoco, aunque sí universal y real.

20 *Ibid.*, p. 245.

Comprender el tiempo de forma lineal nos permite tener una idea más clara de por qué los procesos históricos no se reducen a la distancia temporal, ni a que estén antes o después de un momento dado. Son mucho más complejos. Lo mismo sucede con el decurso vital de los seres humanos: lo que hacen o pueden hacer tampoco se reduce a la temporalidad cronométrica, sino a las posibilidades con las que puedan contar y sus capacidades reales para apropiarse y actualizar dichas posibilidades:[21] esto puede verificarse en que una niña o un niño puede aprender un idioma, también una persona de la tercera edad.

Ya que mencionamos a los seres humanos, las culturas, las civilizaciones y en general a la historia, tenemos que dar un paso más: la forma temporal de la vida humana y de la historia no podrían darse si primero no surge la vida. Abordaremos este asunto a continuación.

La vida y la especie humana

Cuando hablamos de la vida solemos pensarla en abstracto: algo que pasa, que tiene una cierta consistencia y cuyos misterios debemos dilucidar. No obstante, la perspectiva ellacuriana se ocupa de un aspecto mucho más modesto y concreto: qué es la vida como realidad material. Si nos detenemos en este punto, podemos

---

21   Cf. I. Ellacuría, «La historicidad del hombre en Xavier Zubiri», *op. cit.*, p. 207.

notar que, a lo largo de las páginas anteriores, hemos avanzado de lo más simple a lo más complejo para explicar cómo emerge la historia y por qué la realidad histórica es la forma de realidad que, si recordamos la definición de Ellacuría, asume a todas las demás. Por esta razón no podemos obviar el carácter fundamental de la vida como momento del dar de sí de la realidad, pero también como realidad de la que se desgaja la historia cuando aparece la especie humana. Las preguntas por qué es la vida o si existe algo tal como «la Vida» no podrían formularse si no hubiera vivientes humanos, ni una situación histórica concreta en la cual tiene sentido preguntarse por estas cuestiones.

En cualquier caso, la pregunta por la vida parte del hecho de que no es algo tan evidente como parece y, a juicio de Ellacuría, tampoco es tan evidente su relación con la historia, pues la oposición entre naturaleza e historia ha sido un planteamiento común; pero también con frecuencia se ha asociado la vida a un principio inmaterial, puesto que la materia ha sido considerada como principio inerte y maleable por una idea, el alma, la razón, etcétera, que sería el principio activo que pondría en movimiento a los vivientes. Sin embargo, para Ellacuría esto es falso, pues la vida no deja de tener carácter estrictamente material: lo que sucede es que la materia ha dado paso a una forma de realidad nueva que está viva.[22] Esto nos conduce a considerar que «la vida no es solo una realidad distinta que la materia

22   Cf. *Id.*, *Filosofía de la realidad histórica*, *op. cit.*, pp. 39-41.

pura, sino que es otra forma de realidad y otra forma de realidad posterior y superior».[23]

Lo anterior implica que la vida es una forma de realidad estrictamente nueva, lo cual no equivale a surgir «de cero» porque, si fuera así, no sería posible que los seres vivos entraran en relación con el medio, a no ser que hubiera una fuerza extrínseca a la naturaleza encargada de ello. Podemos encontrar este problema en los planteamientos de muchos filósofos modernos, cuya pregunta por la posibilidad del conocimiento humano se fundaba en la consideración metafísica de que la esencia de la vida y la capacidad intelectiva humana era de distinta índole respecto al resto del mundo. Sin embargo, vemos que la materia, por ser dinámica, ha podido dar paso a la vida desde realidades no vivas gracias a su capacidad de desgajar realidades más complejas desde otras más simples. Baste con que examinemos los componentes inorgánicos que conforman un organismo vivo: no se reduce a estos, pero si no estuviera estructurada a partir de todos estos átomos, moléculas y compuestos, simplemente no sería una unidad viable para siquiera estar viva del modo en que lo está.

La vida es una de las mayores expresiones del poder innovador y liberador de la realidad, tanto por su riqueza y diversidad como por la aparición de otras realidades desde el dinamismo evolutivo, como la especie humana y la historia. La vida emerge gracias a las dimensiones espacial y temporal, así como los

23 *Ibid.*, p. 40.

dinamismos que estas posibilitan: de la simple materia a su vitalización, a la animalización de la vida y la evolución. En los vivientes, encontramos formas de ser espacial y de ser temporal completamente distintas a las que tienen las realidades no vivas, y por eso son realidades más radicales y abiertas. Esto se verifica en que el carácter peculiar de la vida frente a otras realidades es su independencia del medio y el control específico sobre él, por medio de los cuales su actividad vital está encaminada a generar y configurar sus propias estructuras, así como a enfrentarse con el medio según estas estructuras ya mencionadas.[24] Un tigre o una lechuza son vivientes con una estructura tal que les permite enfrentarse con un medio concreto y sobrevivir, cada uno con sus propias características anatómicas, orgánicas y psíquicas, por lo que no responderán de la misma manera frente a los estímulos del entorno, como la oscuridad o el alimento.

Esto nos conduce a apuntar que la vida es un momento básico de la historia porque la aparición de la especie humana ha hecho posible la emergencia de la realidad histórica como envolvente de toda otra forma de realidad gracias a la actividad transformadora e innovadora que solo puede realizar el ser humano. Esta consideración parte de la teoría zubiriana de la inteligencia, de la cual Ellacuría bebió intelectualmente y

24   Cf. I. Ellacuría, «Antropología de Xavier Zubiri», en *Escritos filosóficos*, vol. 2, *op. cit.*, p. 76; cf. H. Samour, *Voluntad de liberación, op. cit.*, p. 140.

posibilitó un análisis metafísico no reduccionista de la vida y la actividad humana: para Ellacuría, la realidad humana es abierta y de carácter proyectivo por su «inteligencia sentiente», es decir, que no está determinado de antemano, ni tampoco tiene un destino manifiesto que deba cumplir; pero todo lo que hace se realiza en, por y desde su unidad estructural psicorgánica.

Hay unidad procesual entre el sentir y el inteligir: no es que primero se tengan «datos sensoriales» que pasan por los sentidos y luego la inteligencia «procesa» esos datos en pensamientos, sentimientos o voliciones. Esto es así porque las cosas no son sumas de partes que se pueden descomponer, por lo que no es que primero percibamos una sola parte y luego construyamos sintéticamente lo demás, sino que la aprehensión simple y primaria de la cosa es de *su* realidad, no de lo que queramos adjudicarle. Además, en esta forma integral de entender la inteligencia se coloca al sentir en su justa dimensión, pues este nos hace presentes las cosas y el mundo en *impresión de realidad*, donde el momento «de realidad» hace referencia a lo intelectivo. Por ejemplo, no es que primero aprehendamos los colores de la rosa y luego su tallo, la forma de los pétalos y luego la unidad; es toda la rosa la que se hace presente en nuestra inteligencia por los sentidos y se presenta unitariamente en toda su realidad, pero también en las dimensiones que le dan sus notas (el aroma, la textura, los colores, el volumen, el peso, etcétera). En síntesis: se *siente* intelectivamente y se *intelige* sentientemente. Ambos momentos no están desvinculados, ni hay prioridad de uno sobre el otro: si no hay sentir, no hay impresión de realidad, y sin la forma de realidad que tiene la impresión, no hay intelección. Inteligir, entonces, no equivale a pensar en grandes sistemas o en conceptos complejísimos, sino simple y llanamente a hacernos presente la realidad en cuanto realidad.[25]

Vemos pues que la inteligencia no es superior a lo biológico, pero no se reduce al cerebro, se trata más bien de una cualificación estructural: la inteligencia está vertida en lo biológico porque el cerebro exige un mecanismo con el cual el ser humano pueda enfrentarse con el medio. Es decir, una inteligencia sentiente exige la estructura del cerebro mientras este reclama una inteligencia sentiente para llevar a cabo sus funciones. Esto es así tanto en el caso humano como en el de los animales no humanos, pues toda la realidad del viviente está en juego según su modo de enfrentarse con la realidad. En el caso del ser humano, tal enfrentamiento se funda en que aprehende las cosas como realidades radicalmente independientes de sí mismo, por lo que puede responder ante cada situación de forma abierta, opcional e innovadora. Así es como nuestra especie ha podido transformar el mundo a partir de su imaginación y posibilidades.

Todas estas ideas de Ellacuría sobre la realidad humana —también denominado «animal de realidades»

25   Cf. I. Ellacuría, «Biología e inteligencia», en *Escritos filosóficos*, vol. 3, *op. cit.*, p. 145; cf. X. Zubiri, *Inteligencia sentiente: inteligencia y realidad*, Madrid, Alianza-Fundación Xavier Zubiri, 1998, pp. 55-56, 70-72.

por su tipo de inteligencia— son capitales para superar los reduccionismos racionalizantes, psicologizantes o burdamente materialistas: no hay cuerpo sin psique ni psiquismo sin corporalidad. Si la realidad humana y la actividad de la inteligencia se redujeran a una sola de estas dimensiones, entonces seríamos incapaces de afectar el mundo que nos rodea y transformarlo. Es un hecho que nuestra inteligencia se apoya en las estructuras biológicas —nadie vive sin cerebro y un cerebro sin actividad intelectiva es inoperante—, que ha permitido, tanto en el plano individual como colectivo, y de la realidad total, transformaciones que son cualitativamente novedosas y más ricas que lo meramente natural, por ejemplo, el desarrollo de tecnología. ¿Cómo es esto posible? Recordemos que la modesta función de la inteligencia es instalarnos en la realidad y hacerla presente a través de la aprehensión en formalidad de realidad, que ya explicamos, lo cual nos obliga a hacernos cargo en el nivel intelectivo, opcional y práxico de la realidad que nos rodea. Así lo hizo Ellacuría, poniendo su gran inteligencia al servicio de los oprimidos en El Salvador, y desde allí se enfrentó con la realidad para transformarla con su palabra y obra.

La actividad humana que transforma la realidad abre el ámbito de lo histórico, que es de libertad y creación; para ello entran en acción la voluntad y la praxis, que no son facultades separadas de la inteligencia, sino dimensiones de su actividad. Para realizar algo, la realidad debe estar presente en la inteligencia, y solo ante lo presente la persona puede realizar aquello que desea con esa realidad por la que quiere optar, esto es imposible para una ameba o un caracol, pues su inteligencia y estructuras son de otra índole, aunque sean vivientes. La inteligencia, la voluntad y la praxis son fundamentales para la configuración de cada momento de la vida individual y colectiva, porque nos instalan naturalmente en el ámbito de la libertad, al haber recibido de nuestros progenitores, que pertenecen a una especie, la realidad psicorgánica, pues las decisiones y los actos no llegan a su término por instinto, sino por una opción asumida desde las posibilidades que nos ofrecen las cosas por ser reales.[26] Esta consideración ilumina de otra manera la unidad estructural entre naturaleza e historia desde la actividad intelectiva humana: la naturaleza exige a la historia en el orden de la estabilidad y viabilidad de la vida humana, y la historia requiere de la naturaleza para emerger y desarrollar sus funciones como ámbito propio de lo humano.

Lo histórico es una forma de realidad abierta porque su realidad se apoya en la realidad, también abierta, de la especie humana. Por tanto, la historia no es reino de lo espiritual, de lo abstracto o de lo teleológico, sino algo mucho más complejo que involucra el trabajo, lo social, la materia prima que brinda la naturaleza, la tradición y las fuerzas históricas que

26 Esta idea es poderosísima para echar por tierra concepciones tales como la naturalización de la cultura de la violación y la sexualización de las niñas, niños y mujeres, el servilismo de las mujeres frente a los hombres, o las dicotomías civilización-barbarie, entre otros aspectos.

contribuyen a configurar el momento y las circunstancias específicas en las que habrá de situarse el individuo para hacer su vida y continuar construyendo una historia común con otros. Desde estas ideas acerca de lo material y la vida, Ignacio Ellacuría consideró que toda actividad humana está siempre *situada*, es decir, apoyada en estructuras materiales específicas que a su vez determinan intereses que pueden ser liberadores o dominadores. Esta última cuestión es fundamental para entender la radicalidad que puede llegar a tener el análisis filosófico para desenmascarar y orientar una praxis transformadora y humanizante que nuestro mundo con tanta urgencia necesita.

DIMENSIÓN TRANSCENDENTAL DE LA REALIDAD HISTÓRICA: TRANSMISIÓN, TRADICIÓN, POSIBILITACIÓN Y PRAXIS HISTÓRICAS

Cuando pensamos en la historia solemos asociarla con una disciplina que estudia y narra ciertos hechos del pasado. También es común que relacionemos lo histórico con todo aquello que está a gran distancia, por lo común respecto del presente. En general, lo histórico se asocia con lo «pasado»: sabemos que el tiempo en que transcurrió la vida y obra de Alejandro Magno es antiquísimo porque nos separan de él más de dos mil años «de historia». Pero ¿realmente la historia consiste en esto? En un primer momento, al inicio de este capítulo, señalamos que para Ellacuría la realidad histórica es una categoría que persigue explicar la totalidad de la realidad en su máxima apertura e innovación, y es aquí donde entra el análisis de la historia como forma de realidad. En esta línea, no debemos perder de vista que la historia no es algo abstracto, ni reducido a lo narrado, sino una realidad que emerge de la materia organizada, la vida y la especie humana con su actividad transformadora del mundo. Por tanto, dimensiones reales como la materia, el espacio, el tiempo y la vida son componentes básicos de la historia.

Hemos visto que el tiempo es un momento estructural de las cosas reales, por lo que es el modo en que estas se realizan en el mundo;[27] en este sentido, las cosas no *tienen* tiempo, sino que *son temporales*. Lo mismo sucede con la historia: su realidad no se define por la distancia cronométrica entre dos momentos, ni por ser una colección de hechos que se narran, transmisión de testimonios o creación de sentido; sino que la entenderemos como un proceso de posibilitación y capacitación para las personas.[28] Esta definición no se parece en nada a las acepciones más comunes que ya mencionamos, por lo que en este apartado analizaremos qué significan estos momentos: posibilidades y capacidades como dinamismos que realizan la historia. Por ahora no perdamos de vista que la realidad de la historia tiene muchísimo que ver con la realidad humana, pues

27 Cf. X. Zubiri, *Estructura dinámica de la realidad*, Madrid, Alianza-Fundación Xavier Zubiri, 1995, 309-310.
28 Cf. I. Ellacuría, *Filosofía de la realidad histórica, op. cit.*, pp. 515-519.

esta crea, a partir de la naturaleza, formas de vida y productos que previamente no existían, dando paso al ámbito de lo humano y superando lo netamente natural e instintivo.

La estructura de la temporalidad histórica se define por el hacer de las personas y las sociedades, no tanto por el tiempo que podamos medir. Por eso decíamos que el tiempo no es algo separado de las cosas ni algo en lo que se está, sino constitutivo de las cosas reales porque es la forma en que estas *van expresando* su realidad. Dado que lo que el ser humano hace transforma la realidad, esto no solo afecta a la cosa creada y al individuo, también a la realidad entera. Basta ver cómo ha cambiado nuestro mundo en los últimos diez, veinte o treinta años para constatarlo. En ese sentido, lo que distingue a los humanos contemporáneos de Alejandro Magno no es meramente que haya más de dos mil años de distancia cronométrica, sino que nosotros podemos hacer cosas que Alejandro no pudo, pero eso no significa que no tengamos nada que ver con ciertas cosas que Alejandro hizo y por las que hoy hablamos de él. El sistema de haceres actuales ha sido posible porque lo que hizo Alejandro se incorporó a un sistema de posibilidades y dio paso a una configuración histórica y mundial sobre la cual se ha constituido nuestra época. Todo esto añade complejidad a la estructura histórica porque esta asume, en su configuración y dinamismo, a todas las demás formas de realidad y sus respectivos dinamismos, incluidos la sociedad y la persona por vía de su praxis. Ahora veamos qué tiene que ver el hacer humano con las posibilidades y la historia.

El tiempo histórico: las posibilidades y la persona

Para hablar del tiempo histórico es natural que nos remitamos al hecho de que todas las cosas reales son temporales —aunque no del mismo modo—, ya que la historia también es una forma de realidad que asume a todas las demás y, en consecuencia, no está exenta de este análisis temporal que le compete por ser también un tipo de realidad. No se trata de que cada cosa contenga en sí misma un «trozo» de un solo tiempo homogéneo, pues su forma de «explayar» su realidad se da según la estructura que conforma su realidad. Pero aquí no termina lo que tiene que ver con el dinamismo, pues al ser lo real respectivo y no aditivo, la realidad de cada cosa también queda afectada por toda otra realidad, por lo que podemos hablar de co-procesualidad.

Hay que enfatizar que no estamos hablando de la idea clásica de «causalidad», en la que un término «A» afecta a «B», lo cual supone que una cosa «provoca» que la otra suceda, pues es problemático asumir que puede haber una causa exclusiva para un fenómeno dado, como David Hume apuntó en su *Tratado sobre el entendimiento humano*. Si hubiera una causa para cada fenómeno que podemos experimentar, entonces no podríamos explicar todo lo que sucede en nuestro universo, como los agujeros negros o las supernovas, pues no experimentamos ni podemos determinar causas unilaterales para este tipo de fenómenos.

Esto cambia el panorama que conocemos de lo histórico, porque los procesos dinámicos de las cosas reales alteran la línea temporal. En este sentido, la forma de la historia no es estática, sino variante de acuerdo con los procesos históricos, los cuales se apoyan en cuatro procesos del dinamismo evolutivo de la realidad ya mencionados: estructuras físicas, biológicas, psíquicas y biográfico-históricas. Las estructuras temporales que les competen son sucesión, edad, duración y precesión, respectivamente. No nos interesa hablar de las primeras tres porque, primero, son propias de las realidades naturales (vivas y no vivas) y, segundo, porque ya están incorporadas en la precesión, estructura temporal que debemos tratar por separado para entender la historia.[29]

El tiempo histórico se apoya específicamente en los procesos biográfico-históricos y en el tiempo propio de la precesión, porque constituyen la forma en que el ser humano proyecta su vida y se «adelanta» con sus actos a lo que quiere ser para efectivamente *serlo*.[30] La proyección de la realidad humana se realiza, según vimos ya, desde una inteligencia y una voluntad que transforman la realidad propia y del entorno que le

29 Un análisis más detenido sobre estas estructuras temporales se encuentra en el capítulo cuarto de *Filosofía de la realidad histórica*, pp. 420-439 de la edición de UCA Editores empleada en este libro.
30 Cf. I. Ellacuría, *Filosofía de la realidad histórica, op. cit.*, pp. 90, 434.

rodea. Estas acciones innovadoras son las que dan paso a lo histórico, pues dejan de ser meramente naturales: un castor, por ejemplo, no construye un dique porque lo «desee» o lo «proyecte», sino porque es algo que hace desde sus estructuras y formas de responder al medio de manera instintiva y, por tanto, no opcional.

Lo anterior no equivale a que el individuo humano deba hacer cualquier cosa para que haya historia —aunque el hecho de que sus acciones sean término de su voluntad ya lo libera de lo meramente instintivo y natural—; su ser y hacer son posibles gracias a una sociedad y un sistema de posibilidades en los cuales se inserta:

> El sujeto de la historia no es el individuo humano, como quería el idealismo, ni tampoco la clase social, al modo del marxismo, sino la especie humana, y por tanto la sociedad humana en conjunto [...]. La historia es siempre historia social.[31]

La sociedad no es una realidad natural porque los animales no configuran comunidad ni socialidad. A lo sumo, forman hordas o manadas, pues entre ellos no hay convivencia como la hay entre los integrantes de la especie humana. Esta capacidad de convivir ha sido

31   D. Gracia, «Filosofía práctica», en J.A. Senent de Frutos y J. Mora Galiana (dirs.), *Ignacio Ellacuría 20 años después: actas del Congreso Internacional: Sevilla, 26 a 28 de octubre de 2009: Departamento de Filosofía del Derecho de la Universidad de Sevilla*, Sevilla, Instituto Andaluz de Administración Pública, 2010, p. 20.

posibilitada por la inteligencia sentiente, que abre la realidad de cada individuo humano a los demás en cuanto otros seres humanos con su propia realidad, algo que los animales no humanos no pueden hacer.

La sociedad posibilita la constitución del individuo y su dinamización en *persona* por la versión que tiene a los demás, pues son de la misma especie: los llevamos en nosotros mismos y por ello podemos *con*vivir. Hay versión entre los miembros de la especie humana por el acto de procreación, gracias al cual los progenitores generan a un individuo nuevo que pertenece a la misma especie pero que no es exactamente igual a ellos, ni a ningún otro individuo de la especie humana. Es único e irrepetible y al mismo tiempo es común porque su estructura psicorgánica es humana. Pero esto no basta para que hablemos en sentido estricto de una persona, ni de historia, aunque es fundamental que el individuo nuevo sea de nuestra especie: se debe recibir una forma de vida para realizar lo que quiere ser, y es así como encontramos lo específicamente histórico en los *modos humanos de estar en la realidad*.

Estas formas humanas de hacerse la vida y convivir no son resultado de una completa arbitrariedad, ni cuestión de puro voluntarismo individual ni mucho menos de una imposición tiránica de lo social por encima de los individuos. Se es individuo porque se pertenece a una especie, y se es persona socialmente, con independencia de que lo quiera el individuo o no. Vivir humanamente es una exigencia, tanto del individuo como de la especie y de lo social, porque no existe forma preestablecida de estar en el mundo para el ser humano, solo hacerse cargo de la situación por medio de opciones concretadas en acciones.

En la sociedad, nos insertamos en una situación en la que vivimos con los otros y recibimos un sistema de posibilidades para hacernos la vida y definir nuestro proyecto personal, en el marco de esta forma de convivencia que es lo social. Este sistema de posibilidades no es inamovible: aunque debemos optar por vivir de esta o de otra manera en la sociedad, es posible transformar o desechar las posibilidades que hemos recibido. De lo contrario, la sociedad no sería dinámica y viviríamos exactamente igual que en los inicios de la humanidad. En consecuencia, lo social es lo común (es de todos y de nadie) y por ello tiene carácter *árquico* (o principial), *tijánico* (o de suerte) y de *moira* (o destino):[32] nadie puede decidir en qué mundo y en qué circunstancia nacerá, el tipo de sociedad o el sistema de posibilidades que le será entregado para que haga la vida de tal o cual manera (suerte), pero es un hecho que para humanizarse se debe nacer en una sociedad (principio) y que estamos lanzados a realizarnos como personas en el ámbito de la vida en común (destino). En cualquier caso, solo es cierto que estamos «instalados modestamente, pero irrefragablemente, en la realidad».[33] Por esta razón, no nos queda más que encargarnos de nuestro mundo. No hay lugar para la evasión.

32   Cf. X. Zubiri, *Estructura dinámica de la realidad*, *op. cit.*, pp. 262-263.
33   *Id.*, *Inteligencia sentiente: inteligencia y realidad*, *op. cit.*, p. 15.

Pero hay todavía una pregunta más que quizá el lector se haya formulado, ya que hablamos de formas de vida y posibilidades dinámicas: ¿cómo puede la sociedad afectar a los individuos y estos a lo social? Dado que la realidad histórica asume la totalidad de lo real sin destruir o dejar atrás las distintas realidades de las que emerge el ámbito abierto de la historia, vemos que la unidad total no niega la heterogeneidad de sus momentos, propiedades, acciones, etcétera. Hay una relativa autonomía de cada momento por ser real, lo cual es constatable en la estructura psicorgánica de los seres humanos, las materias primas, el desarrollo de técnicas de producción y de distintos conocimientos sobre la realidad —como la ciencia, la filosofía, la teología, etcétera—, el arte en sus diversas corrientes, entre otras realidades que no son mutuamente reducibles; no obstante, esto no equivale a que cada una pudiera haber surgido sin necesidad de las demás, por lo que hemos insistido en que esto es falso. Pues bien, lo mismo sucede con la sociedad y la persona: lo social no anula lo individual ni viceversa. Aunque lo social brinde al individuo las posibilidades para vivir, es este el que se encarga de reconfigurar el sistema de posibilidades y, paulatinamente, dar una nueva forma y dinamismo al curso histórico.

No es el individuo quien define de antemano las posibilidades, pues la forma en que se vive en sociedad es algo en lo que él se ha insertado y las cosas con las que puede contar como posibilidades (sistema educativo, ideología, credos, costumbres, formas de vestir, disponibilidad de recursos naturales, etcétera) han sido entregadas para que pueda determinar cómo quiere vivir en ese marco específico, y es *solo a partir de este sistema definido* que puede optar. A través de las opciones que elija y descarte, libremente irá dando forma a su propia realidad (se constituirá en *persona*), pero también podrá cambiar la estructura social de forma paulatina o abrupta, como sucede con las revoluciones o las guerras. Por eso decíamos que, aunque Alejandro haya vivido tanto tiempo antes que nosotros, la concreción de sus decisiones en actos pasó a incorporarse a la historia, proporcionando posibilidades para la actual forma de vida de Occidente.

Lo ya apuntado nos indica que hay co-procesualidad y co-determinación entre los individuos y lo social: al individuo le toca «recibir» las posibilidades, pero esta recepción no es pasiva. Si lo fuera, estaríamos en un estado de dominación total. Pero si hay recepción activa, la actividad que deriva de esta es también transformadora y por ello personalizadora, pues el individuo se realiza a sí mismo libremente en este marco de posibilidades. Aquí es donde se ve mejor la dimensión de la acción, que se da por lo que tiene el individuo de autor, aunque también sea agente y actor: se es *autor* de la propia vida en la medida en que cada uno va configurando libremente, desde las posibilidades recibidas en el contexto sociohistórico, lo que se quiere ser; se es *agente* porque se ejecutan acciones en el orden de la continuidad natural de la propia vida; se es *actor* porque se debe desempeñar un papel en la situación concreta en la que se ha nacido y se vive, es decir, es algo que debe aceptarse. Estas tres dimensiones están mutuamente articuladas, por lo que son simultáneas, aunque en algunos momentos sea más dominante un aspecto que otro. Lo que nos interesa resaltar es que la libertad prima en la dimensión de autor de la propia vida, mientras que en las otras dos es el carácter forzoso de la colocación sociocultural e histórica, así como la natural, la que domina. Si la vida humana se redujera solo a lo que tiene de agente, sería meramente animal; si solo fuera actor, el ser humano estaría destinado a padecer de forma irremediable las circunstancias y no tendría libertad para determinar lo que quiere ser.

Esta triple dimensionalidad de la vida humana nos permite vislumbrar cómo están articuladas la naturaleza, lo social y lo estrictamente individual, y por qué no se puede hablar de pura libertad o naturaleza, mucho menos de una dominancia unívoca de lo individual o lo colectivo en la configuración de una situación histórica. Una sociedad determinada posibilita que pueda aparecer un tipo de persona, y lo que las personas hagan también permitirá que dicha sociedad se perpetúe, aunque siempre existan cambios en lo relativo a infraestructura, conocimientos, prácticas, etcétera. Visto todo esto, cobra sentido la consideración ellacuriana de que la historia es el ámbito de mayor apertura de la realidad. Si la realidad personal, que es humana, no fuera abierta, la historia no tendría consistencia alguna, porque «es la unidad —la unidad histórica— de los individuos y de las realidades».[34] Esta intervención de lo social y lo individual confiere a la historia una realidad, unas fuerzas y unos poderes que exceden a la vez que determinan la forma en que los colectivos y las personas establecen y realizan sus opciones. Sin embargo, esto es ambiguo, porque siempre es posible que el poder histórico se convierta en uno de despersonalización y destrucción de la propia fuente material de la que proviene la historia, lo cual implica, por un lado, que la persona queda absorbida por la historia y, por otro, que la historia se convierte en un proceso natural: ya no es ámbito de libertad.

La historia como proceso de transmisión tradente de modos de estar en la realidad

Hasta el momento hemos situado correctamente a la historia en el ámbito de lo social, pues es una realidad abierta y dinámica. Pero esta afirmación solo cobra sentido si precisamos que el dinamismo de la historia se apoya en un *proceso de transmisión tradente de estructuras y formas de estar en la realidad*. Para explicar en qué consiste dicho proceso, aclaremos primero qué es lo que se transmite y qué es lo que se tradiciona: hay transmisión por la dimensión biológica que compete a la realidad humana y hay tradición porque también

34   I. Ellacuría, «El sentido del hacer histórico», en *Cursos universitarios, op. cit.*, p. 121.

se entregan formas de vida que no se reducen a la satisfacción de lo meramente biológico. En la unidad de estos dos momentos se apoya la historia, pues uno no se da sin el otro. Si solo hubiera transmisión, estaríamos ante cualquier otra especie animal; suponer que solo hubiera tradición implica considerar que la historia y la realidad humana no son materiales, cosa inadmisible para Ellacuría.

En el proceso de transmisión tradente entran pues lo biológico y lo transbiológico, lo colectivo y lo individual. Si hemos insistido en la relación entre lo individual y lo colectivo, es porque la constitución de la historia pende de ambos momentos, aunque exista dominio de uno sobre el otro en determinados procesos, hechos o fenómenos. Por ejemplo, en los hechos concretos de violencia, como podría suceder en un pleito entre dos personas, hay dominancia de lo individual, pero en las razones por las que estalla una guerra civil hay dominancia de lo colectivo y estructural. De no haber momento social, lo individual no sería factible: no habría posibilidades para que la vida reciba, como un idioma, una estructura familiar o unas costumbres desde las cuales se forme la personalidad, las maneras de pensar o de hacer; en consecuencia, solo habría naturaleza y no historia.[35]

En lo social y en los individuos vemos la transmisión y la tradición. Veamos primero la transmisión: el momento social es el que hace presente la materialidad

---

35   Cf. *Id.*, *Filosofía de la realidad histórica*, *op. cit.*, p. 521.

de la historia, tanto por la materia prima con la que la humanidad ha hecho cosas nuevas y transformado el mundo como por la realidad de la especie, aunque la historia no se reduce a este aspecto natural, como ya señalamos. ¿Qué es lo que se transmite? Hay transmisión genética de una inteligencia con una formalidad específica, caracteres morfológicos y estructura anatómica que permiten a los individuos humanos transcender el mero hacer para la supervivencia: les permite realizar praxis,[36] es decir, innovar optativamente y por decisión propia su realidad y la realidad del mundo. Pero esto no es suficiente para que haya historia, pues falta el momento de la tradición que, aunque no se reduce a lo biológico, sí se apoya en el momento intelectivo: la inteligencia abre al individuo humano al campo entero de lo real como posibilidad para hacerse la vida, y las posibilidades se fundan en el carácter de realidad que las cosas ofrecen y por el cual pueden tener sentido para el ser humano (a esto se refiere el concepto de «cosa-sentido»). A partir de este sentido, por el cual las cosas son posibilidades, pueden construirse, comunitariamente, formas de vida que se entregan a los miembros de una sociedad.

36   La praxis tiene cuatro sentidos, los cuales están vinculados: es la totalidad del proceso social en cuanto transformador de la realidad natural y social; la unidad de todo lo hecho por el cuerpo social en orden a su propia transformación; el dinamismo total e inmanente de la realidad histórica y todo aquello que el hombre realiza de cara a su propia realización personal, es decir, como hacer real de realidad. Cf. *Id.*, «Función liberadora de la filosofía», *op. cit.*, pp. 110-113.

El individuo escoge de entre todas estas formas que se ofrecen como posibilidad para determinar lo que será de sí mismo; en este sentido, es preciso que opte por vivir de una manera u otra.[37] No se puede ser cualquier cosa, en cualquier momento, ni por cualquier razón: el hombre de Altamira no pudo haber sido nunca un ingeniero que desarrolla teléfonos móviles, simplemente porque esa posibilidad no estaba disponible en el plano material y tradicional, por lo que ni siquiera habría podido desearlo; pero un joven del siglo XXI sí puede desear ser ingeniero y llegar a serlo. Este ejemplo ilustra bien por qué estas formas de estar en la realidad desde las que se proyecta la vida no se transmiten por vía genética ni son fruto del antojo subjetivo e individual: lo transmitido genéticamente es la instalación en la realidad por vía intelectiva, así como la necesidad de estar en la realidad; sin embargo, para que haya historia no solo hace falta poder para elegir, sino poder elegir. Solo si hay opciones podemos definir lo que queremos ser, pues las opciones condicionan qué es lo efectivamente realizable a corto, mediano y largo plazo.

Lo anterior posiciona en su correcta perspectiva la mutua configuración que hay entre individuos y colectivo: ningún recién nacido humano tiene plena capacidad para darse a sí mismo su forma de realidad, sino que *recibe* el modo humano de estar en la realidad, por lo que su vida es radical indigencia y necesidad de los

37   Cf. Id., *Filosofía de la realidad histórica, op. cit.*, pp. 471-472.

otros,[38] desde la madre, el padre, los abuelos hasta desconocidos en instituciones que determinan el rumbo de la vida en común. Los otros *ya están ahí*. Por eso es en la intromisión e intervención de los otros seres humanos donde encontramos lo estrictamente social, porque es con ellos y entre ellos que se configura la biografía de cada uno, de manera que no podríamos ser quienes somos sin estas fuerzas sociales e históricas que ya están en marcha y nos reciben, pero también nos impulsan a ir haciendo nuestro ser con los demás.

Si en la transmisión está el factor biológico de la especie, la tradición contiene el momento de la configuración de la forma de vida, y en ambas podemos observar con claridad que lo colectivo y común es un ingrediente fundamental para la emergencia de la historia y la humanización de los individuos. Desde luego, la tradición no es *todo* lo histórico: «Es unitaria transmisión y tradición, aunque la razón formal de lo histórico esté en la tradición y no en la transmisión».[39] Si no hay especie humana, no hay sociedad ni historia, por lo que la historia, aunque no es prolongación de la naturaleza, tampoco es espiritualización del mundo. La tradición es el fundamento que da forma a lo histórico porque constituye la forma misma en que un grupo social está en la realidad. Y dado que la realidad individual y la colectiva no son de carácter estático, lo recibido en tradición también es susceptible de trans-

38   Cf. *Ibid.*, pp. 493-497.
39   *Ibid.*, p. 497.

formarse, tanto por la libre decisión personal como por el hecho de que el sentido de lo recibido no es el mismo para quien lo entrega que para quien lo recibe; por eso pueden hacerse cosas tan diversas con lo que se recibe por tradición: pensemos en lo distinta que es nuestra vida respecto de las de nuestros padres y a su vez la de ellos respecto de los suyos. No estamos desconectados, hay continuidad, tanto como especie como en lo que a la tradición respecta.

La continuidad de la tradición no es, por tanto, repetición, sino innovación de lo recibido para entregarlo a otros que también harán cosas muy distintas con ella. Así, la configuración de lo histórico mantiene una continuidad innovante, siempre abierta al futuro, y por eso siempre podemos pensar, ser y hacer cosas tan distintas. Sin embargo, esta novedad social e histórica conlleva el componente personal, pues hacer la vida de una determinada manera es algo forzoso y a lo que estamos lanzados; por eso la vida humana es *inquietud*, pues nunca podemos vivir siendo exactamente *lo* mismo, y lo que entrega la tradición son los recursos necesarios para realizar la vida humanamente. Por esta razón, desde la perspectiva ellacuriana la tradición es principio de dinamismo histórico, al incluir en sí misma la constitución, continuación y progresión del hacer de los colectivos y los individuos en la historia. En este sentido, la tradición se constituye por todo el haber humano que otros han dejado a disposición para ser asumido por todo el conjunto de la sociedad, como ya mencionamos. Todo este haber humano es de carácter público, y por ser público es impersonal: sin ser de nadie, es para todos como un conjunto de posibilidades de las que pueden apropiarse o pueden desechar para hacerse la vida. Todo lo anterior no quiere decir que la historia sea una gran entidad que se trague o anule a las personas, y que estas estén impotentes frente a los acontecimientos. La historia *la hacen las personas*, no por voluntarismo o porque lo histórico se reduzca a los individuos, sino porque las posibilidades que se ofrecen en un sistema solo pueden ser apropiadas personalmente.[40]

El hacer histórico tiene dos dimensiones entrelazadas: la de la persona y la de lo social. La tradición es transmitida y recibida por personas, las cuales deciden tomar o desechar esa forma de vida. De esta manera, la historia envuelve los dos momentos descritos, pues surge de los individuos en y a través de su pertenencia a la especie, ya que son realidades abiertas tanto natural como socialmente y su intervención en lo histórico tiene las dimensiones de *agente*, *actor* y *autor*: la historia es algo en lo que se está y que hasta cierto punto se padece, pero que también se hace.[41] Desde esta perspectiva, la subjetividad no es mera abstracción solipsista que proyecta sus deseos en la historia, como pretenden muchas filosofías en la actualidad. La biografía es histórica, aunque la historia sea social, pero la forma en que la acción individual afecta a la estructura histórica

40   Cf. H. Samour, *Voluntad de liberación, op. cit.,* pp. 93-94.
41   Cf. I. Ellacuría, «El sentido del hacer histórico», *op. cit.*, pp. 121-123; «El sujeto de la historia», en *Cursos universitarios, op. cit.*, p. 282.

no es la misma que la de la historia como configuradora de la vida individual y comunitaria. Las posibilidades apropiadas opcionalmente por las personas solo pasan a formar parte de la estructura histórica por lo que tienen de innovadoras y disruptivas, no por lo que tienen de personales. En este sentido, hablamos de una historia en la cual la libertad humana siempre está en juego, no porque se pueda desear o hacer lo que se desee en unos momentos y en otros no, sino porque la libertad se arriesga en el incremento o limitación de capacidades para realizar esas opciones. La libertad comienza «naturalmente» porque pende de la inteligencia, la cual coloca al ser humano en la realidad y lo pone en la situación de elegir para definir su propia realidad. Por nuestra inteligencia somos libres, aunque los actos que ejecutemos no sean necesariamente libres si somos dominados por la inmediatez de la autocomplacencia y no por la realidad de las cosas.[42] La cuestión de la libertad es la que nos dirige a la historia como proceso de posibilitación y capacitación de la humanidad.

La historia como proceso de posibilitación
y capacitación de la humanidad

Lo estrictamente histórico empieza por definirse como un proceso de transmisión. Lo que se entrega en una

42   Cf. *Id.*, «La historicidad del hombre en Xavier Zubiri», *op. cit.*, pp. 226-227; *Filosofía de la realidad histórica, op. cit.*, p. 417.

tradición son formas humanas de estar en la realidad, pero estas formas constituyen un sistema de posibilidades que define lo que un colectivo y quienes lo integran pueden hacer o dejar de hacer, así como lo que pueden proyectar para configurar una determinada forma de vivir. La vida humana se realiza con los otros y con las cosas, porque estas le ofrecen los recursos y las instancias para realizar sus proyectos, pues aunque las posibilidades se apoyan en el sentido que las cosas tienen para la vida humana, el poder que vehiculan y liberan es de la realidad. Estas posibilidades imponen su poderío ante la vida, colocándola en una situación que debe resolver optando por lo que se quiere ser.[43] La realidad se presenta como posibilidad porque las notas o propiedades de las cosas están ante la inteligencia humana como algo a lo que se puede recurrir para realizar múltiples posibilidades por su carácter dinámico: una piedra tiene respecto de la inteligencia humana la posibilidad de ser un busto o ladrillo para un edificio, pero si no hay individuo humano para quien tenga estos posibles sentidos, entonces solo habrá piedra o naturaleza.

El sentido de la posibilidad (lo que la hace deseable y por lo cual se puede optar por ella) se apoya además en el sentido que tenga para un grupo social. Esto se transmite, aunque no determina de forma cerrada lo que cada individuo hará con ella.[44] Sin em-

43   Cf. *Ibid.*, p. 29; *ibid.*, pp. 520-521.
44   Cf. J.M. Romero Cuevas, *Crítica e historicidad. Ensayos para repensar las bases de una teoría crítica*, Barcelona, Herder, 2010, p. 108.

bargo, para que los individuos puedan optar y personalizarse, también deben estar *capacitados* para ello. Por eso, lo que configura la realidad de la historia y su carácter dinámico y abierto es su definición como un proceso de *posibilitación* y *capacitación* de las personas, para que estas puedan constituirse como relativo absoluto, o como personas autónomas y libres.[45] De lo contrario, «si se tiene el poder para optar, pero no se puede optar porque no se cuenta con las posibilidades reales se está negando la libertad humana, la libertad histórica».[46] Lo que define metafísicamente a la historia no es un mayor progreso tecnológico o una mayor racionalidad instrumental, sino que las personas sean más libres y que puedan elegir de entre un sistema de posibilidades suficientemente amplio, que los humanice y los libere.[47]

Solo una persona humanizada, autónoma y autodeterminada puede alcanzar su pleno potencial y crear posibilidades para sí misma y los demás, para que contribuyan a una mayor plenitud histórica. La posibilidad no solo debe estar ofrecida, sino que la persona debe optar desde las mismas posibilidades y capacidades que se le han entregado por transmisión y tradición. La posibilidad no es pues cualquier cosa, sino aquello que

---

45   Cf. I. Ellacuría, «La religación, actitud radical del hombre», en *Escritos teológicos*, vol. I, *op. cit.*, pp. 61-67.

46   *Id.*, *Filosofía de la realidad histórica*, *op. cit.*, p. 521.

47   Cf. J.M. Romero Cuevas, *Crítica e historicidad. Ensayos para repensar las bases de una teoría crítica*, *op. cit.*, p. 110.

posibilitando positivamente no lo haga forzosamente en una sola dirección; es decir, en que no haya una conexión necesaria e inmediata entre las posibilidades y la acción correspondiente, aunque esta acción solo pueda ejecutarse si ha sido previamente posibilitada.[48]

Esta idea de posibilidad nos permite entender mejor por qué una época es tan distinta de otra, y también notar que hay una continuidad histórica en la que el hacer de otros seres humanos en el pasado se ha constituido en la posibilidad de lo que nosotros podemos hacer en el presente (recordemos el ejemplo de Alejandro Magno antes mencionado). Sin embargo, el sentido de lo ya obrado y legado como posibilidad es distinto en cada momento histórico, por lo que siempre pueden inaugurarse nuevas posibilidades y configuraciones históricas.[49] En este sentido, es preciso entender la historia como un proceso de posibilitación para la humanidad. Si estas opciones que se apropian y realizan cambian el curso histórico de alguna manera, se constituyen en praxis, que puede ser de carácter tanto individual como colectivo. Un ejemplo de praxis individual es el ingente legado de Leonardo Da Vinci o de Marie Curie; en el caso colectivo, la abolición de la esclavitud o la Declaración Universal de los Derechos Humanos.

48 I. Ellacuría, *Filosofía de la realidad histórica*, *op. cit.*, p. 521.
49 Cf. *Ibid.*, p. 435.

Sin embargo, hay que tener en cuenta que estas posibilidades actualizadas por decisión personal o colectiva no siempre son las mejores. En este sentido, el carácter del dinamismo histórico es ambiguo, pues pueden darse retrocesos o empobrecimiento de la comunidad humana global si el sistema de posibilidades adoptado —o impuesto en muchos casos, como en las guerras— no es el más adecuado para los pueblos y los proyectos de realización personal.[50] Esta cuestión es de radical importancia porque se pone en juego el dinamismo de capacitación histórico: para que se pueda elegir, se debe haber recibido el poder *para* ello.

La realización de la opción depende de que los individuos humanos estén adecuadamente capacitados y que cuenten con las dotes necesarias para enfrentar la realidad histórica que les toca en suerte vivir. La capacidad es resultado de la naturalización o incorporación a la constitución humana de las dotes, y estas se deben entender como la incorporación de las posibilidades realizadas a la forma de hacerse la vida de los individuos, que es algo entregado socialmente. Un ejemplo de estas capacidades es el uso de la tecnología, y en el caso de las dotes está la incorporación de la facilidad del uso tecnológico que tienen los individuos en nuestra época; situación que no podría haber sucedido en el tiempo de Aristóteles. El conjunto de capa-

50   Cf. J.M. Romero Cuevas, *Crítica e historicidad. Ensayos para repensar las bases de una teoría crítica, op. cit.*, p. 215.

cidades que tengan los individuos depende de qué tan dotados estén por el proceso de transmisión tradente en un momento histórico determinado.[51] De ahí que, en función de las capacidades y las dotes, pueda haber o no una apropiación y realización de determinadas posibilidades, pues

> abarca las dimensiones práctica, cognitiva, social y moral [...]. La adquisición de una nueva capacidad permite e impulsa la apertura de nuevas posibilidades en las dimensiones práctica, cognitiva y moral.[52]

La historia se define transcendentalmente como un proceso de posibilitación y capacitación, apoyado en el proceso de transmisión tradente. Son las posibilidades las que brindan nuevos futuros, otras maneras de vivir y de convivir, por lo cual es fundamental que notemos que las opciones que se nos ofrecen en nuestro momento histórico no necesariamente son las mejores.

En la actualidad, existe la ilusión de que tenemos opciones y, sin embargo, estas se encuentran severamente coartadas por las decisiones de gobiernos, empresas, partidos políticos o colectivos, cuyos intereses no necesariamente repercuten en beneficio de la mayor parte de la humanidad. Para Ellacuría nuestro horizonte es global, por lo que la humanidad está cada

---

51 Cf. I. Ellacuría, *Filosofía de la realidad histórica, op. cit.*, pp. 549-550.
52 J.M. Romero Cuevas, *Crítica e historicidad. Ensayos para repensar las bases de una teoría crítica, op. cit.*, p. 217.

vez más unida en una sola realidad en la que las opciones son cada vez menos, lo cual incide seriamente en las capacidades individuales para enfrentar una realidad adversa y realizar los proyectos de vida que deseamos para nosotros.

La inteligencia humana siempre está condicionada, por lo cual no hay ni puede haber evasión de la realidad material, por muy alto o abstracto que sea su ejercicio.[53] Este condicionamiento obedece a coordenadas históricas, posibilidades y praxis determinadas por una situación histórica dada. Por tanto, el saber, el hacer, las costumbres, las creencias y las prácticas pueden ser consciente o inconscientemente principio de ocultamiento, deshumanización y mal común. También de esfuerzos por liberar y generar proyectos comunes que mejoren y transformen las condiciones de opresión de la humanidad sufriente. Recordemos que las posibilidades, aunque sean dadas socialmente, penden de nuestra opción; de lo contrario, no pasarán nunca de ser mera posibilidad.[54] Aunque no podemos olvidar que estas opciones también están condicionadas por la conflictividad, el sentido, las valoraciones y las asimetrías socioeconómicas que ya hemos asumido como parte de nuestra identidad, por más críticos y librepensadores que creamos ser.

53   Cf. H. Samour, «La filosofía de Ignacio Ellacuría ante los desafíos actuales», en J.A. Senent de Frutos y J. Mora Galiana (dirs.), *Ignacio Ellacuría 20 años después: actas del Congreso Internacional, op. cit.*, pp. 37-40.
54   Cf. I. Ellacuría, *Filosofía de la realidad histórica, op. cit.*, p. 522.

El análisis presentado hasta el momento ha pretendido mostrar la complejísima estructura de la realidad histórica que configura nuestro mundo. Obviar todas estas dimensiones en el tratamiento político, económico, cultural o religioso de la realidad nacional y mundial supone reducir la amplitud y profundidad necesarias para determinar cuáles son los signos de los tiempos que configuran la conflictividad actual. Cualquier omisión y reduccionismo, a juicio de Ellacuría, siempre debe ser sospechoso de evasión de la realidad. Dado que la realidad es constitutiva apertura dinámica que configura y condiciona todo producto humano, vale la pena revisar cuáles son los signos de nuestra historia en el siglo XXI, así como la alternativa que nos ofrece la esperanza utópica de Ignacio Ellacuría para el cambio de la civilización del capital que perpetúa el dolor en nuestros pueblos.

NUESTRA ALTURA HISTÓRICA ACTUAL:
MAYORÍAS POPULARES Y SIGNO
DE LOS TIEMPOS

El largo y complejo abordaje que Ellacuría dedicó a los componentes de la realidad histórica es fundamental para entender qué es lo real, lo humano y lo social, porque según el sentido que estos tengan para nosotros, así responderemos a la realidad y realizaremos nuestro ser personal.[1] No hay desconexión alguna entre metafísica, ética, política y derecho, pues responden a lo que vaya siendo la realidad, pero también a los intereses que se tengan respecto de ella. Dichos intereses van configurando la altura histórica en el proceso dinámico abierto de la historia. La altura histórica es el lugar de mayor concreción, diversidad y unidad de la realidad: cada época se caracteriza por tener una figura temporal que la *con-figura* a partir del sistema de posibilidades de ese momento; según cambia dicho sistema, cambiará también la figura temporal y la altura histórica o de los tiempos.[2] Lo que distingue a cada época es su iluminación precisa y propia de las

1   Cf. *Id.*, «Curso de ética», en *Cursos universitarios, op. cit.*, p. 256.
2   Cf. *Id.*, *Filosofía de la realidad histórica, op. cit.*, pp. 444-445.

posibilidades con las que contará y, en este sentido, qué forma cobrará la vida colectiva e individual en sus dimensiones económica, política, cultural, etcétera. Esta cuestión es la que más pone de relieve la ambigüedad del rumbo histórico y los peligros de espiritualizar la historia y la vida personal, porque cada cultura y sociedad tiene un sistema de valores desde el cual jerarquiza qué forma de producción, técnica, hábitos, creencias y patrones culturales adoptará para configurar a un ser humano determinado, a fin de perpetuar su propia estructura.[3]

Que haya más desarrollo tecnológico o de cualquier otra área del saber no equivale a que haya más humanización. Las posibilidades más ricas siempre pueden desecharse, mientras que las actualizadas pueden no ser las mejores; en ese sentido, no necesariamente coincidirán en el nivel fáctico el grado de capacitación y personalización de dicho momento histórico con la forma de vida que se considera como la mejor,[4] pues hemos visto ya que esas elecciones siempre están condicionadas por intereses colectivos, la mayoría de las veces minoritarios en términos económicos y políticos. Esto marca la pauta de un signo de contradicción actual. Para Ellacuría, en efecto, se pueden dar múltiples alturas de los tiempos para sociedades distintas en un

3   Cf. J. M. Romero Cuevas, «Ellacuría y la teoría crítica. Una aproximación», en *Realidad: Revista de Ciencias Sociales y Humanidades* 109 (2006), p. 463.
4   Cf. *Ibid.*, p. 465.

momento temporal determinado, pues el sistema de posibilidades adoptado por un pueblo no será el mismo que el de otros. Aunque esto no equivale unívocamente a algo negativo, con la globalización neoliberal y los procesos históricos de colonialismo, expoliación y abandono de países de América Latina y el Caribe, Asia y África, se hace evidente que nuestro mundo histórico, cada vez más unido y común, también está configurado por sociedades extremadamente disímiles: no se trata solo de que no se tengan los mismos sistemas de posibilidades, sino que, de manera activa o pasiva, el sistema de posibilidades de la civilización del capital impide que haya un proceso de capacitación histórica equitativo para toda la humanidad. La situación actual en el ámbito global nos indica que nuestra altura histórica está marcada por signos de los tiempos[5] definidos por el empobrecimiento sistemático de las posibilidades a las cuales pueden acceder las grandes mayorías para personalizarse y enriquecer la realidad histórica de la humanidad. Este es un hecho inconcuso y constatable, por tanto, no puede sino ser el punto de partida para el análisis filosófico, teológico y científico de nuestra

5   Los signos de los tiempos se definen como el conjunto de los acontecimientos, exigencias, deseos y esperanzas que permiten determinar si hay mayor o menor presencia del bien en el mundo. Estos signos describen lo más denso de la realidad y, por tanto, ofrecen una mirada panorámica sobre lo que debe transformarse de ella, pues es signo de mayor mal histórico o empobrecimiento real de la humanidad. Cf. J. Sobrino, «La teología y el "principio liberación"», *Revista Latinoamericana de Teología* 35 (1995), p. 120.

realidad histórica, pues no se trata de escapar de lo real para alcanzar imparcialidad, sino de sumergirnos en lo más hondo de ella y permitir que se revele en toda su crudeza y poderío.

La realidad de los pobres, que es la más reveladora, densa y universal, es el signo de los tiempos por excelencia, pues se caracteriza «por el predominio efectivo de la falsedad sobre la verdad, de la injusticia sobre la justicia, de la opresión sobre la libertad, de la indigencia sobre la abundancia, en definitiva, del mal sobre el bien».[6] La cantidad masiva de muertes, incluso en los países más desarrollados, a causa de la pandemia provocada por el virus SARS-COV2, es muestra fehaciente de la vulnerabilidad humana fruto del régimen de desigualdad y del acaparamiento de los recursos de unos pocos por encima de las grandes mayorías. En países empobrecidos como India, Honduras y Haití, por ejemplo, la tragedia humana es aún más brutal e indignante, pues es la muestra viva de los más pobres, a quienes el sistema de posibilidades que configura nuestra época desangra incansablemente.

La revelación de este signo entre los más pobres nos enfrenta con el fracaso de nuestra civilización, su inviabilidad y el miedo paralizante de perder la comodidad a la que nos han acostumbrado la tecnología y el consumismo. Es difícil percatarnos de la gravísima y letal enfermedad de nuestra situación, porque es el entorno

6   I. Ellacuría, «Discurso de graduación en la Universidad de Santa Clara», en *Escritos universitarios*, San Salvador, UCA Editores, 1999, p. 224.

ideologizado en el que nos encontramos sumergidos y que se ha ido constituyendo durante un largo proceso histórico. Nuestra forma de vida es lo más inmediato que tenemos y nuestra habitud, por tanto, no es evidente. La tarea de revertir el rumbo histórico es tan difícil porque tendemos a asumir que la forma de vida de esta época es la que debe ser y no otra.[7]

La reflexión ellacuriana ofrece aquí muchas luces, pues insiste en un punto crucial: todo sistema de valores tiene un desde dónde y un para quién, al igual que toda otra forma de saber y de configuración de la habitud social, por lo cual no puede presumirse que nuestro modo de vida sea el más racional ni el más deseable. Ignacio Ellacuría sospechó que esta idea del modo occidental de vida como el más adecuado era una forma de ideologización u ocultación interesada de los altísimos costes del desarrollo y consumo de los países más ricos del mundo, cuya cara reveladora son los países empobrecidos y sometidos por la guerra, la deuda y la inequidad en el intercambio comercial internacional que posibilitan el estilo de vida de los primeros.[8]

Precisamente porque la historia se ha configurado desde la inequidad y la imposición de la ley que protege al poderoso y destruye al débil, no resulta sor-

7 Cf. R. Espinoza Lolas, *Hegel y las nuevas lógicas del mundo y del Estado. ¿Cómo se es revolucionario hoy?*, *op. cit.*, p. 115.
8 Cf. I. Ellacuría, «Quinto centenario de América Latina, ¿descubrimiento o encubrimiento?», *op. cit.*, p. 527.

prendente que en el proceso de globalización la opresión haya adquirido distintos matices: ya no solo vemos la brutalidad, la guerra o la tortura, sino también el hambre, la pobreza, el racismo y la discriminación generalizada. En un mundo que se jacta de tener declaraciones en materia de derechos humanos, es una flagrante contradicción que lo que se proclama como derecho de todos sea realmente privilegio de pocos.[9] El problema de nuestra época, entonces, es el del fin de la historia, pero no en términos de una hecatombe nuclear (aunque Fukushima nos recuerde los costes humanos y medioambientales del uso de energía nuclear), sino del agotamiento de los limitados recursos naturales y, sobre todo, de la muerte masiva de los pobres, esta última como signo revelador del declive de la humanización de nuestra especie.[10]

9   Cf. *Id.*, «El mal común y los derechos humanos», en *Escritos filosóficos*, vol. 3, *op. cit.*, pp. 432-435.

10   Para Ignacio Ellacuría, la realidad de los pobres es extremadamente compleja, porque no solo carecen de recursos suficientes para llevar una vida digna, sino también porque son individuos y colectivos cuya opresión es sistemática: son perseguidos por sus luchas, criminalizados por la protesta y asesinados por acción de las fuerzas estatales, o mueren por omisión a causa de las condiciones de miseria a las que se les fuerza a vivir y de las cuales difícilmente pueden escapar. Aunque la pobreza abarca a múltiples colectivos, lo relevante de ellos es su capacidad de organización y lucha, que los convierte en pobres *con espíritu* y no en sujetos pasivos de caridad. Cf. I. Ellacuría, «En torno al concepto y a la idea de liberación», *op. cit.*, p. 637; «Utopía y profetismo desde América Latina. Un ensayo concreto de soteriología histórica», en *Escritos teológicos*, vol. 2, *op. cit.*, pp. 247-248, 255. Cf. J. Sobrino, «La opción por los pobres:

A todos los que mueren por enfermedad, guerra, represión policial, hambre, trabajo forzado, drogadicción o suicidio por esta forma de vida vacía, Ellacuría los llamó «mayorías populares» desde una postura secular y «pueblo crucificado» desde una teologal,[11] pues reflejan la negatividad histórica de hoy. Su realidad es contradictoria, conflictiva e incómoda, pues a esa parte de la humanidad se le niega sistemáticamente, de forma activa o pasiva, la vida, la palabra, el nombre y la existencia. Son encubrimiento y olvido, las víctimas que Walter Benjamin denunció en sus tesis sobre el concepto de historia como las ruinas de la marcha triunfal del progreso occidental.

El rostro que no se muestra ni en la publicidad ni en los discursos presidenciales es el de los crucifica-

---

dar y recibir. "Humanizar la humanidad"», *Revista Latinoamericana de Teología* 60 (2003), p. 295.

11   La maldad histórica tiene efectos destructivos sobre la realidad histórica, por lo que es fuerza causal de la existencia y perpetuación del sufrimiento de los crucificados. Cuando se habla de pueblo crucificado, no se está hablando de personas y colectivos absolutamente inocentes en términos morales, sino de que el mal que padecen es desproporcionado e inmerecido. En esto estriba su inocencia: no en que no cometan errores o faltas, sino en que se les mata desproporcionadamente y por distintos medios por el mero hecho de existir, y que este mal que se les impone nace de la figura histórica y del sistema de posibilidades que ha configurado la sociedad y el mundo en el cual deben padecer. Cf. J. Sobrino, «"El pueblo crucificado" y la "civilización de la pobreza". El "hacerse cargo de la realidad" de Ignacio Ellacuría», en J.A. Nicolás y H. Samour (eds.), *Historia, ética y ciencia. El impulso crítico de la filosofía de Zubiri*, Granada, Comares, 2007, p. 432.

dos.[12] Lo irónico y doloroso, como muchas veces denunciaron Ignacio Ellacuría y monseñor Romero, es que la maldad que destruye la vida humana se podría erradicar, porque con un mismo sistema de posibilidades «hoy podría desaparecer el hambre del mundo, con lo cual la figura de nuestra humanidad en vez de ser una figura de desesperación y de guerra podría comenzar a ser una figura de libertad y de conciliación».[13]

Pero no ocurre así. Frente a este panorama emerge la pregunta por la índole del mal que configura y estructura la vida humana en todo momento histórico, pero que en esta época ha alcanzado una escala masiva, en la que se evidencia que «las fuerzas de las tinieblas y del odio son a veces más rápidas y eficaces que las fuerzas de la luz y del amor».[14] A diferencia del elenco de las fuerzas históricas (naturales, biológicas, psíquicas, sociales, culturales e ideológicas, políticas o personales) que dinamizan y dan forma a la historia, el mal es una fuerza capaz de imponerse para configurar el curso de la realidad histórica hacia la ruina común, pues aunque sean pocos los que gocen de los beneficios de la civilización del capital, el coste es para la gran mayoría.

12   Cf. I. Ellacuría, «Discernir el "signo" de los tiempos», en *Escritos teológicos*, vol. 2, *op. cit.*, pp. 134-135.

13   *Id.*, *Filosofía de la realidad histórica*, *op. cit.*, p. 446.

14   *Id.*, «La UCA ante el doctorado concedido a Monseñor Romero», en *Escritos universitarios*, *op. cit.*, p. 229.

La estructura dinámica del mal en el mundo actual

Ignacio Ellacuría insistió en la realidad de los pueblos crucificados a la hora de diagnosticar la realidad histórica —salvadoreña y mundial— porque es un síntoma de la forma de vida occidental y de la ideologización imperante el caer en la tentación de considerar que el sufrimiento de los pobres pertenece al orden natural de las cosas y, por tanto, que el reparto y el goce desigual de derechos se reduce a mero voluntarismo, por lo que hacer el bien es cosa de limosna y caridad, no de justicia.

El mal no es una realidad de índole exclusivamente moral, mucho menos legalista: es una realidad metafísica que verdaderamente afecta y condiciona en los niveles psíquico, físico, social e histórico todo el hacer del hombre. Así, las estructuras históricas producen mal porque son objetivaciones reales de decisiones humanas libres, pues las primeras no se gestan sin las segundas,[15] dado el carácter procesual y las distintas estructuras de la realidad sobre las que se subtiende la realidad histórica. El problema del mal no es entonces un problema subjetivo o valorativo individual, sino de realidades, por más que la realidad apetecida y elegida se valore como mala por parte de un individuo. El mal es una realidad histórica porque es una realidad respectiva y porque su consistencia, expresiones y pode-

15   Cf. J. Sols Lucia, *La teología histórica de Ignacio Ellacuría*, Madrid, Trotta, 1999, p. 153.

río están subordinados a la existencia de la realidad humana. No existe pues el mal «a secas», sino que solo puede haber mal *para alguien*. La nuda realidad es irreductible a su valor y, sin embargo, es necesaria para que podamos estimar algo como bueno o malo, porque lo que podamos valorar de esta pende de las propiedades reales de las cosas; no se trata de algo que asignemos arbitrariamente a lo real, sino de que estas propiedades se presentan en cuanto reales por la aprehensión primordial de realidad.[16]

Solo respecto de la inteligencia humana la realidad puede presentarse como deseable, valiosa y buena, porque tiene condición para ello, y el mal no escapa a esta condición de lo real. Esta reflexión sobre la realidad respectiva del mal es la que nos permite escapar de concepciones y análisis maniqueístas o sustancialistas de la realidad, que oscurecen la visión de las raíces de la conflictividad histórica y reducen la responsabilidad de la acción a lo individual, sin atender a la acción de otras fuerzas y estructuras que configuran la subjetividad y las opciones que se ofrecerán a los individuos, sean buenas o malas en el nivel valorativo.

Frente a esta caracterización primaria del mal como realidad respectiva a la vida humana y la condición de lo real para tener sentido, Ellacuría sostiene que el hecho fundamental del que parte y debe partir la filosofía es la existencia del mal común o el mal

16   Cf. X. Zubiri, *Sobre el sentimiento y la volición*, Madrid, Alianza-Fundación Xavier Zubiri, 1993, pp. 201, 211-216.

comunicado y comunicable a todo el cuerpo social. Si las mayorías populares son la realidad que mejor expresa el signo de los tiempos de la civilización actual, lo que nos indican es que lo prevalente es el mal común. Este mal va más allá de la falta individual porque tiene la capacidad de permearlo todo y configurar una altura histórica, además de condicionar su propia perdurabilidad en las estructuras sociales y en la conciencia de las personas. En este sentido, el mal es la antítesis del proceso de capacitación y posibilitación de la historia. Es antihistoria y antihumanización, porque es un poder que absorbe la vida y toda la estructura histórica.[17]

Si queremos saber qué es la historia y qué es lo humano, no podemos eludir el problema del mal. Lo que va siendo de la historia se desprende de las opciones y acciones que realicen los contenidos de las posibilidades que se estimen como deseables, por lo que la realidad del mal tiene todo que ver con las intenciones, valores, deseos y formas de vida que subyacen tras la configuración del sistema de posibilidades de cada sociedad; por esta razón la vida social no es neutra, porque busca sustentar, justificar y propagar su propia forma de ser a través de sus miembros, desde el sistema de posibilidades que ofrece para que los individuos den forma a su propio ser. Desde el diagnóstico ellacuriano, nuestra civilización, dados sus efectos en el empobrecimiento metafísico de la

17   Cf. *Id.*, *Filosofía de la realidad histórica, op. cit.*, p. 590.

realidad material, social y personal de la historia, está gravemente enferma[18] porque «con la elección de unas posibilidades no solo se compromete un futuro, sino que se imposibilitan otros futuros».[19] Y nuestro sistema de posibilidades mundial no es el mejor, ni el más deseable, ni viable.

El mal tiene la capacidad de permear toda la realidad histórica por ser común o afectar a la mayoría, ser comunicable y propagable entre las personas, pero más radicalmente por ser estructural, pues tiene el poder de hacer malas a la mayoría de las personas afectadas por ese mal.[20] El mal, visto como fuerza que afecta el enriquecimiento del proceso histórico y se apodera de las personas y los colectivos, excluye la naturalización de los efectos de la acción humana, e introduce una consideración crítica acerca de la vulnerabilidad humana frente al medio ambiente, porque su efecto sobre la mayoría de los miembros de una sociedad sí es fruto de una acción y decisión históricas. El mal trasciende las consideraciones naturales porque, por muy dolorosa que sea, no se entiende en esta línea como la muerte natural, sino como muerte histórica que toma distintas formas (asesinato, pobreza, falta de atención sanitaria, negligencia, abandono,

18   Cf. *Id.*, «El desafío de las mayorías populares», en *Escritos universitarios, op. cit.*, pp. 301-302.

19   *Id.*, *Filosofía de la realidad histórica, op. cit.*, p. 524.

20   Cf. *Id.*, «El mal común y los derechos humanos», en *Escritos filosóficos*, vol. 3, *op. cit.*, p. 448.

etcétera).[21] Ellacuría denominó «civilización del capital» a esta forma de configuración maléfica de la realidad histórica, porque el mundo se ha unificado gracias al proceso de globalización capitalista, haciendo el mal más comunicable que nunca. La civilización del capital se entiende como una forma de estructurarse la realidad histórica que aniquila sistemáticamente toda la base material, biológica, solidaria y personal del planeta para alcanzar un estilo de vida al cual solo unos pocos pueden acceder. Esta configuración histórica no es propia de los países ricos, también permea la realidad de los países empobrecidos, produciendo contradicciones de toda índole que merman el pleno desarrollo personal de sus habitantes y de toda la familia humana. Este sistema económico, con sus valores y dinamismos, genera un modelo antropológico y cultural fundamentalmente deshumanizante.[22]

Lo maléfico de esta civilización se funda en su radical insolidaridad, basada en el mito del éxito individualista *(self made man)*, de mostrar lo que se compra porque no se puede ofrecer lo que uno auténticamente es *(flexing)*, de convertirse en ícono para que otros dejen su individualidad y se sumen a la ola de ser y vivir como los demás *(trending)*, perpetuando el ciclo

21   Cf. *Id.*, «El pueblo crucificado. Ensayo de soteriología histórica», *op. cit.*, p. 153; cf. J. Sobrino y C. Mármol Martínez, *Conversaciones con Jon Sobrino*, San Salvador, UCA Editores, 2020, p. 206.
22   Cf. I. Ellacuría, «Utopía y profetismo desde América Latina. Un ensayo concreto de soteriología histórica», *op. cit.*, pp. 247-248.

de consumismo, homogeneización personal y cultural, depredación de los recursos y otras tantas faltas hacia el bien común que permite que nuestra vida sea viable y humana.

No hay lugar para un proceso de personalización liberadora cuando lo que prima es la prepotencia histórica que quieren imitar tanto países del centro como de la periferia,[23] con un modelo antropológico deshumanizado, como se evidencia en los currículos educativos y esquemas de competitividad laboral extrema de muchísimos países iberoamericanos. Esto no quiere decir que todo lo producido por la civilización del capital sea malo: los derechos humanos, el desarrollo tecnológico y comunicacional y la mayor facilidad para el encuentro cultural son realidades que deben rescatarse y potenciarse para plenificar nuestro mundo. Sin embargo, debemos preguntarnos si estos éxitos valen tanto como para sacrificar el medio ambiente y las mayorías pobres de este mundo.[24]

El problema fundamental con esta civilización es que «no es universalizable y, por consiguiente, no es humana, ni siquiera para quienes la ofrecen».[25] Esta forma de vida esclaviza y violenta, aunque no haya

---

23   Cf. J. Sobrino, «"El pueblo crucificado" y la "civilización de la pobreza". El "hacerse cargo de la realidad" de Ignacio Ellacuría», *op. cit.*, p. 442.

24   Cf. I. Ellacuría, «El desafío de las mayorías populares», *op. cit.*, pp. 229-230.

25   *Id.*, «Utopía y profetismo desde América Latina. Un ensayo concreto de soteriología histórica», *op. cit.*, p. 249.

agresiones directas a cada momento de la vida. Los trastornos mentales, el síndrome de *burnout*, el aislamiento social, la sensación de soledad y vacío, son expresiones de este mal que penetra hasta lo más hondo de nuestro ser, y que tarde o temprano puede apoderarse de nuestra vida. Hablamos aquí de violencia y no de agresión, porque el cariz propio del mal histórico es de carácter sistemático, racional y progresivo, aunque se exprese en el uso de los aparatos represivos del Estado y en el terrorismo estatal o en la guerra; pero su forma más letal es menos notoria, porque acaba por omisión deliberada con la vida y la dignidad de las personas.[26]

Todo lo anterior se ha hecho evidente con la última pandemia, las tasas de paro, las enfermedades, el endeudamiento, la deserción escolar y la crisis económica, que han sido los indicadores de las consecuencias de la insolidaridad en el ámbito global. Esta violencia del capital ha ido socavando las posibilidades de liberación y enriquecimiento de la realidad histórica; hoy somos testigos de un ciclo depredador y repetitivo de *más de lo mismo*, en el que lo único nuevo es la concentración obscena de riqueza por parte de unos pocos y el empobrecimiento de millones de seres humanos.

---

26   Cf. I. Martín-Baró, *Acción e ideología: psicología social desde Centroamérica*, San Salvador, UCA Editores, 2018, pp. 365-370; cf. I. Ellacuría, «Violencia y cruz», en *Escritos teológicos*, vol. 3, San Salvador, UCA Editores, 2002, p. 454.

El mal no puede tener cabida en nuestro mundo, pues su carácter es contradictorio con la realidad del bien:[27] no pueden cohabitar ni prevalecer ambos al mismo tiempo. La realidad histórica, por ser procesualmente abierta e innovadora, siempre será principio de bondad o maldad históricas, pero este hecho no exime a nuestros pueblos de la lucha contra el mal que asesina con impunidad.

No se puede convivir con la conciencia tranquila en un mundo desigual y violento. La erradicación de la maldad histórica producida por la civilización del capital no supone un retorno al primitivismo o a un supuesto estado puro precapitalista, ni tampoco la vía «socialista», como se ha intentado y fracasado tantas veces en Europa, Asia y América Latina. De lo que se trata es de negar, en un ambiente de diálogo y con espíritu de superación, el germen de esa forma de vida, desde la negatividad que representan los crucificados de este mundo, convirtiéndola en principio positivo desde la acción de las personas y colectivos comprometidos con la intolerancia frente al mal. El mal debe superarse salvíficamente (término teologal) o liberadoramente (término secular), lo cual supone una forma de vida distinta que lleve a otro orden histórico que renueve, de verdad, todas las cosas y a todos los hombres.[28]

27   Cf. X. Zubiri, *Sobre el sentimiento y la volición*, *op. cit.*, p. 201; cf. J. Sobrino, *Jesucristo liberador. Lectura histórico-teológica de Jesús de Nazaret*, San Salvador, UCA Editores, 2013, pp. 168-170.
28   Cf. I. Ellacuría, «Curso de ética», *op. cit.*, p. 255.

La civilización de la pobreza
como camino de renovación humana

Ellacuría advirtió sobre la urgente necesidad de cambiar el rumbo histórico, antes de un desenlace fatídico e irreversible para la humanidad.[29] Estos cambios solo pueden llegar desde una transformación interna, es decir, desde las estructuras histórica, social y personal, dada su influencia en la configuración del sistema de posibilidades. Hemos insistido en la capitalidad de la realidad de los pobres y su complejidad porque es la clave de la superación dialéctica de la negatividad histórica, pues su existencia es irrupción de lo más poderoso de la realidad, que desenmascara y se convierte en principio de liberación personal, colectiva e histórica.

La liberación del mal no tiene cariz voluntarista, aunque la acción de las personas esté involucrada. La praxis en sentido estricto no se da por lo que la acción tiene de personal *(opus operans)*, sino por lo que tiene de histórica y objetivada *(opus operatum)*, esto quiere decir que ninguna persona en particular es sujeto del mal radical, y por esta razón el mal tiene carácter colectivo, aunque la acción individual también repercuta sobre lo social.

No basta el bien individual para hablar de liberación y bien común. La liberación, para ser integral, debe abarcar tres estructuras: liberación del pecado,

29   Cf. *Id.*, «El desafío de las mayorías populares», *op. cit.*, pp. 301-302.

de la muerte y de la ley.[30] Estos tres momentos se encuentran procesual y estructuralmente entrelazados, pues la perpetuación y el dominio del mal, por ser una estructura histórica que produce muerte, se afinca en mecanismos, sobre todo de carácter legal, que lo objetivan y justifican.[31] Con esta crítica y esta idea de los órdenes de la liberación humana, Ellacuría no propone el imperio de la ilegalidad, sino que parte del hecho de que cuando la ley se pone por encima de la dignidad y los derechos de la mayoría, se vuelve «partera del mal», pues históricamente ha protegido al fuerte y aplastado al débil. El poderío de una ley que se apoya en las estructuras maléficas no solo se impone y configura el orden económico, social y político, también el moral y cultural, incluso el religioso.

En este sentido, hablamos de la erradicación del mal como superación de la muerte de los pobres a partir de la transformación de la ley injusta y de la persona empecatada o envilecida por el mal común. Esta superación integral es liberación y transformación de la realidad histórica, porque supone que la persona y la sociedad ya no estarán sujetas al prejuicio, el egoísmo, las condiciones económicas o políticas para ser lo que desean ser. La liberación supone conversión y revolución: conversión personal para el compromiso

30   Cf. *Id.*, «En torno al concepto y a la idea de liberación», *op. cit.*, p. 636.
31   Cf. I. Martín-Baró, *Acción e ideología: psicología social desde Centroamérica*, *op. cit.*, p. 375-376.

por la búsqueda del bien y lucha colectiva organizada contra la injusticia.[32]

La praxis en la realidad histórica cobra su pleno sentido desde esta opción, pues el ejercicio intelectivo y todas sus objetivaciones se concretan como respuesta a las situaciones en las que se está ubicado. En consecuencia, la ubicación real en una situación configura actitudes hacia lo real desde las cuales se responde y según las cuales se va haciendo el propio destino. La actitud hacia las cosas desde la que se fundamenta la praxis liberadora es una de compromiso y lucha, en la que la inteligencia se apoya en lo más profundo de la realidad y reconoce lo que esta tiene de bien y mal.[33] Precisamente por eso hablábamos de conversión y revolución: no para cambiar un régimen político o un modelo económico, sino para renovar todas las cosas y fundar una humanidad nueva, un orden histórico nuevo, que no se dará

mientras no se logre una relación totalmente nueva con el fenómeno de la riqueza, con el problema de la acumulación desigual […]. Se ha convertido en una necesidad histórica para frenar la deshumanización de ricos y pobres dialécticamente enfrentados.[34]

32 Cf. I. Ellacuría, «En torno al concepto y a la idea de liberación», *op. cit.*, p. 641.
33 Cf. *Id.*, «Curso de ética», *op. cit.*, p. 255; cf. X. Zubiri, *El hombre y Dios*, Madrid, Alianza-Fundación Xavier Zubiri, 1988, pp. 372-377.
34 *Id.*, «Utopía y profetismo desde América Latina. Un ensayo concreto de soteriología histórica», *op. cit.*, p. 266.

La realidad de los pobres es liberadora porque es contracultural y antihegemónica, porque son principio de otros valores, creencias y formas de relacionarnos con el mundo;[35] esa fue la experiencia de Ignacio Ellacuría, Rutilio Grande y Óscar Romero en El Salvador. Por radicar entre los pobres el *mysterium salutis* que hace frente al *mysterium iniquitatis* es que la liberación se entiende en términos amplios, complejos y de carácter transversal a todos los componentes de la realidad histórica, pues su existencia es fruto de la idolatría y el afán de dominio sobre el mundo, desde la naturaleza hasta el sistema económico, político y cultural global.

En esta línea, pese a la autonomía de estos ámbitos distintos, en la tarea de la liberación integral del mal histórico necesariamente convergen todas ellas, pues la libertad es fruto de un proceso de dignificación de la vida humana en el que los protagonistas son quienes padecen los efectos maléficos de la civilización del capital. La liberación parte de un proceso que inicialmente es político, pues la opresión se ha experimentado a lo largo de la historia como algo colectivo, aunque secundariamente sea individual; no obstante, su margen de acción no se limita a esta esfera, debe afectar a todas las demás para evitar caer en la tentación de hacer de la toma del poder político un fin en sí

---

35 Cf. *Id.*, «El pueblo crucificado. Ensayo de soteriología histórica», *op. cit.*, p. 141; cf. J. Sobrino, «La opción por los pobres: dar y recibir. "Humanizar la humanidad"», *op. cit.*, p. 285.

mismo[36] y consolidar otras formas de opresión que perpetúen el mal que se pretendía erradicar. Si el mal es común por su comunicabilidad, el bien también debe serlo para transformar las condiciones sistemáticas, estructurales e históricas que han sido afectadas por el mal. Por eso Ellacuría no parte del bien, sino de la existencia masiva del mal para entender qué es la realidad histórica. La plenificación de lo que esta debe ser supone un proceso de liberación que se entiende como justicia que libera de la esclavitud instalada por la violencia originaria o la injusticia estructural.[37] A partir de esta tarea pendiente, Ellacuría pensó en un nuevo horizonte utópico que sirviera como criterio orientador para la praxis histórica de liberación.

Cuando Ellacuría habla de una civilización de la pobreza no se refiere a la masificación de la miseria material, sino a algo muy distinto: si la riqueza es el polo dialéctico negador de la vida, la pobreza es su opuesto y, en consecuencia, su momento superador, dadas las características de cada una. Mientras que la civilización del capital expone como eje central la acumulación ilimitada de riqueza —sea en el plano individual, colectivo, estatal, empresarial, etcétera— y como fin último del desarrollo y la felicidad, la civilización de la pobreza se opone dialécticamente como un modelo que rechaza esta acumulación como fin último del desarrollo histórico y como principio de

36   Cf. J. Sols Lucia, *La teología histórica de Ignacio Ellacuría, op. cit.*, p. 89.
37   Cf. *Ibid.*, p. 149.

humanización, proponiendo la solidaridad comparti-
da, el trabajo digno y la satisfacción de las necesidades
básicas como motores de plenificación personal, social
e histórica.[38]

Secularmente, Ellacuría también se refirió a este
último modelo como civilización del trabajo, pues si
este se convirtió en el medio por excelencia para consolidar la explotación y alienación humanas, con este
nuevo paradigma se convierte en principio de con-
servación de la vida. En nuestro mundo y con la forma de vida actual, aparentemente es imposible pensar
en un modelo económico y laboral distinto, con valores distintos y otro tipo de relaciones con nosotros
mismos, los demás y la naturaleza. Ellacuría fue consciente de esta dificultad, por lo cual consideró que la
construcción de un mundo distinto es un proceso que
involucra todos los aspectos de la realidad histórica
y, por tanto, es un modelo utópico realizable histó-
camente pero nunca de forma definitiva. No es comenzar de cero, porque la historia siempre deberá
realizarse desde la apropiación de las posibilidades que
nos entrega el pasado, pero el futuro que libera deberá ser deliberadamente distinto, superando el orden
histórico anterior y negando la muerte que impone
para construir un mundo en el que la vida sea plena

38   Cf. I. Ellacuría, «Utopía y profetismo desde América Latina. Un
ensayo concreto de soteriología histórica», *op. cit.*, pp. 273-274; «El reino
de Dios y el paro en el tercer mundo», en *Escritos teológicos*, vol. 2, *op. cit.*,
pp. 303-304.

para todos. Este nuevo orden es principio de negación del vigente y afirmación de lo novedoso que está por venir. Esta construcción va de la mano del proceso de liberación de la injusticia, la dominación y las idolatrías que someten a la humanidad; parte necesariamente desde el momento material de lo real hasta llegar a la totalidad del orden intramundano, pues es pura abstracción hablar de libertades y derechos si lo que prima es el hambre, la miseria, la deuda impagable y la destrucción de los bienes públicos en beneficio de lo privado.[39]

Este proceso de liberación es fruto de una lucha en el nivel físico, pero en el metafísico supone la creación de nuevas capacidades desde la apropiación de posibilidades de raigambre liberadora. Debe haber un constante ajuste, justeza y justicia: *ajuste* para no desviarse del camino del bien común, *justeza* para superar el mal histórico y *justicia* para crear las condiciones de desarrollo humano que reclaman las grandes mayorías del planeta.[40] Lo utópico radica en el carácter asintótico o siempre perfeccionable de este nuevo modelo, cuya mayor dificultad estriba en echarlo a andar para superar la pasividad o la desidia frente a aquello que no nos beneficia directamente. Los cambios necesarios para llegar a la utopía no se agotan en afiliarse o votar

39   Cf. *Id.*, «El desafío de las mayorías populares», *op. cit.*, p. 301; «Utopía y profetismo desde América Latina. Un ensayo concreto de soteriología histórica», *op. cit.*, pp. 258-259, 262, 275.
40   Cf. *Ibid.*, pp. 264-268.

a un partido y esperar a que la política resuelva los males sociales, también dependen de la constitución de una *tercera fuerza* que aglutine e impulse los procesos de transformación estructural que no resuelven ni los grupos que monopolizan el poder ni sus fuerzas antagónicas. Esta fuerza debe estar constituida por las grandes mayorías, a fin de que sus intereses predominen en la praxis liberadora. Los cambios son lentos, pero la esperanza en el horizonte debe animar la marcha de los pueblos en la lucha por su liberación.[41]

Esto supone honradez con la realidad, que implica conciencia del lugar de negatividad en el cual nos situamos y compromiso esperanzado para construir un futuro distinto, espíritu muy contrario al cinismo y pragmatismo disfrazado de realismo como actitud de enfrentamiento con la realidad. Por ello, la transformación de la realidad no puede quedar reducida al ámbito de lo puramente subjetivo, aunque sea un elemento fundamental para alcanzar la liberación radical. El nuevo orden que propone nuestro pensador, en contraste utópico con el orden mundial vigente, supone una nueva forma de entender las relaciones económicas, políticas, culturales y sociales.[42] En este sentido, la tarea

41   Cf. *Id.*, «Causas de la actual situación del país y principios de solución», en *Veinte años de historia en El Salvador (1969-1989). Escritos políticos*, vol. 2, San Salvador, UCA Editores, 1991, p. 1098.
Cf. *Id.*, «Replanteamiento de soluciones para el problema de El Salvador», en *ibid.*, pp. 1127-1128.
42   Cf. *Id.*, «El reino de Dios y el paro en el tercer mundo», *op. cit.*, pp. 300-302.

que queda es la del discernimiento animado por el espíritu de solidaridad y servicio, para que las nuevas alternativas generadas por las luchas de los crucificados de nuestro mundo no terminen convirtiéndose en nuevas formas de universalismo homogeneizante,[43] por lo que se debe, partiendo del escrutinio de los signos de los tiempos, determinar cuáles serán las praxis de liberación apropiadas para cada situación y contexto.

No hay recetas para la construcción de esta nueva civilización, pues la realidad histórica es abierta, en constante devenir; lo que pueda ser mejor en el contexto actual, no necesariamente lo será para otro. Es fundamental escapar a la tentación de las soluciones fáciles, porque usualmente suelen ser malas, como las que hemos visto en los regímenes socialistas y capitalistas a lo largo de la historia del siglo pasado. Sin embargo, tampoco podemos quedarnos en la contemplación inoperante que se agota a sí misma en la mera crítica. De lo que sean las cosas y de lo que sepamos de ellas pende lo que lleguen a ser y, en consecuencia, lo que hagamos de nuestro propio destino. Querer saber es voluntad de verdad, que debe realizarse e historizarse como voluntad de liberación y de salvación para configurarnos e instalarnos radicalmente en lo real, y que sea la realidad con su máximo poderío la que nos doblegue e inste a hacernos cargo, cargar con y encargarnos de ella. Ante la pregunta por lo que

43   Cf. *Id*., «Utopía y profetismo desde América Latina. Un ensayo concreto de soteriología histórica», *op. cit*., p. 254.

debemos hacer frente a este llamado, Ellacuría respondió: transformar la realidad para que «el bien domine sobre el mal, la libertad sobre la opresión, la justicia sobre la injusticia, la verdad sobre la falsedad, el amor sobre el odio».[44] Otro mundo *todavía* es posible, y más urgente que nunca. Esta es la tarea de la filosofía perenne, y la de todos los hombres y mujeres de buena voluntad.

44 *Id.*, «Discurso de graduación en la Universidad de Santa Clara», *op. cit.*, p. 225.

Epílogo

Estas páginas han procurado mostrar la propuesta utópica de Ignacio Ellacuría, con el claro interés de convertirse en una invitación a repensar la realidad histórica actual, desde cada contexto y circunstancia, para recuperar o, mejor, reanudar la marcha hacia un futuro distinto, siempre abierto y mayor. La muerte dolorosa de Ellacuría, de sus compañeros jesuitas, de Elba Ramos y su hija Celina, son un ejemplo de que tanto la filosofía como otras formas de saber, si son verdaderamente críticas, pueden convertirse en poderosas herramientas para denunciar y combatir los grandes males que producen los poderes de facto, pues la fuerza de las armas ha servido históricamente para acallar la fuerza de la razón.

El martirio de esta comunidad universitaria es uno de entre tantos millones que acontecen cada día en todo el mundo, en total silencio y anonimato, por lo que la escucha y el acatamiento al grito de la realidad es una exigencia para no continuar cayendo en el abismo de la inhumanidad y la destrucción. Puede que un compromiso de tal calibre despierte temores, recelos e incluso sospechas entre aquellos que desean una filosofía libre de toda parcialidad, o entre los que quieren un activismo que no se detenga a pensar tanto en lo que está pasando, porque «hay que actuar ya». Estas son tentaciones en las que no debemos caer, pues la oposición entre pensamiento y acción es falaz: son actitudes conformistas cuya eficacia es mínima o nula, ya que están ideologizadas por ser reduccionistas en su comprensión de la praxis histórica. Las preocupaciones de Ignacio Ellacuría y su idea de filosofía constituyen aportes relevantes para analizar de forma crítica, creativa y propositiva la realidad histórica de nuestros países. Esto, no obstante, no equivale a que haya fórmulas instantáneas con las que inmediatamente sepamos qué hacer en lo personal y lo colectivo, pero sí nos da pistas acerca de los aspectos de la realidad a los que debemos atenernos a fin de dilucidar los criterios históricos para pensar y hacer mundo.

La insistencia de Ellacuría en lo comunitario y estructural nos ilumina para entender que sin el otro y sin los lazos de fraternidad solidaria muy difícilmente podremos realizar cambios suficientes para echar a andar la historia por un rumbo distinto. Lo que podemos llegar a ser solo se alcanza acompañados, construyendo otras formas de organización colectiva, modelos económicos, patrones culturales, formas de amar, etcétera. Renovar el orden vigente desde sus cimientos es una tarea que no se acaba, ni será nunca totalmente perfecta. Pero esto no significa dejar de empujar el carro de la historia, porque a la realidad «no solo hay que conocerla y juzgarla, sino empujarla».[1]

No podemos quedarnos conformes con el actual estado de cosas, por más inocuos o lejanos que puedan aparecer los acontecimientos. Para Ellacuría, el carro de la historia se empuja desde el lugar de los débiles, lo cual no significa que debamos marcharnos a lo más pobre de la periferia para dedicarnos al activismo, sino que lo que hagamos, debemos hacerlo teniendo siempre presente su realidad. Quiénes sean estos individuos o colectivos es algo que se revela en la realidad de cada uno de nuestros países, por lo cual el trabajo de la filosofía y de toda praxis deberá estar debidamente historizado, contrastado con la realidad imperante para así dilucidar quiénes son las víctimas, los opresores y cómo los liberamos, a ambos, del mal.[2] En nuestro tiempo, el mal no solo se puede actualizar como desastre natural o acción personal deliberada, sino también como indiferencia, indolencia, desprecio por la vida ajena o apetito por la violencia de cualquier tipo. En este sentido, volver a la realidad es lo que debe liberarnos e interpelarnos, a fin de no ser arrastrados por la vorágine de la vacuidad de la civilización de la riqueza. Así se responde mejor a lo que la realidad efectivamente es.

1 J. Sobrino y C. Mármol Martínez, *Conversaciones con Jon Sobrino*, *op. cit.*, p. 292.
2 Cf. I. Ellacuría, «Historia de la salvación», en *Escritos teológicos*, vol. I, *op. cit.*, p. 616.

El saber filosófico, visto de esta manera, se abre a la interdisciplinariedad desde la cual, sin romper con su propia especificidad, puede abandonar el academicismo, la erudición e incluso la fanfarronería. Pero lo que el saber filosófico hace tiene efectividad si responde eficaz y honestamente a la interpelación de la realidad para hacerse cargo, cargar con y encargarse de ella. Cargar con lo real ha sido siempre el destino de la humanidad, y quizá hoy más que nunca. Es la existencia de nuestra especie la que ha transformado radicalmente el planeta, gracias a la apertura intelectiva sentiente que se ha transmitido a todos los hombres en todos los tiempos, desde que apareció el primer *homo sapiens* en el planeta. Pero también ha sido esta inteligencia la que, desde una voluntad de dominio, ha ido depredando la vida y todas las dimensiones que componen nuestra realidad histórica, deformándola al ideologizarla con la falsa promesa de un estilo de vida que no es para todos. Es tarea de la inteligencia, debidamente arraigada en la realidad, transformarla para el reino del bien común que exige una nueva civilización, echando a andar una praxis liberadora en el plano estructural e histórico.

La pobreza, opresión y represión sistemática de estas tierras latinoamericanas marcaron el cariz de las reflexiones de Ellacuría, y aunque las circunstancias, la tecnología, la cultura de masas, la comunicación y otros aspectos han cambiado de manera extraordinaria, es evidente que la realidad del mal histórico sigue campante y dominando por todo el orbe. Una filosofía a la altura de los tiempos exige, para Ellacuría, un saber riguroso y estricto que no sea mera repetición, porque solo este tipo de saber nos conduce a esa actitud de reverencia y acatamiento ante la realidad de la que parte la pregunta filosófica por las cosas.[3] Si al griego le asombró que las cosas fueran algo, a la humanidad de nuestro tiempo debe asombrarle la implacabilidad del mal histórico para frenarlo desde esta visión radical, que es visión descubridora, pero también desenmascaradora y liberadora.

Desde esta modesta instalación en la realidad nos preguntamos por lo que son las cosas en este mundo histórico. Y ante las cosas, las personas y los colectivos hay, por lo pronto, un par de cuestiones que Ellacuría apuntó como necesarias y urgentes para cargar, pero también dejarnos cargar por todas ellas en el compromiso que estas exigen, recordando la labor preferencial de monseñor Romero: debemos insertarnos en la realidad nacional y, desde ella, concretar el bien común de los más pobres; debemos buscar la paz con justicia y no el pacifismo ideologizado. Finalmente, debemos construir desde la esperanza, pues el mal no puede destruir al bien, porque este es lo último y más radical de lo real.[4] La esperanza no es optimismo ni ingenuidad, ni esperar a que otros resuelvan nuestros problemas, sino el impulso que nace del amor y el servicio a los demás.

3   Cf. *Id.*, «Aproximación a la obra completa de Xavier Zubiri», en *Escrito filosóficos*, vol. 3, *op. cit.*, pp. 369-371.
4   Cf. *Id.*, «La UCA ante el doctorado concedido a Monseñor Romero», *op. cit.*, pp. 236-242.

Esto es lo que nos demanda nuestro ser personal, pero también los más desposeídos, la naturaleza, los animales y las generaciones futuras. El trabajo que queda por hacer es mucho. Lo constató Ellacuría en su última conferencia, días antes de ser asesinado. Este trabajo demanda ánimo, esperanza y disposición para entregar la vida desde nuestra cotidianidad, porque solo la vida continúa incluso frente al arrastre de la muerte que destruye todo a su paso. La reconstrucción debe ser renovación y no repetición de lo ya hecho, pero la lucidez de la praxis que parte de la respuesta ante la interpelación de las víctimas debe ser correctamente reorientada para que sea eficaz y efectiva:

> Hay que desescombrar, hay que desalambrar, pero hay que construir y que arar. Hay que dar razones para esperar y estas razones no pueden ser puras palabras, sino tareas bien definidas, que requieren mucho pensamiento y mucha creatividad.[5]

Es difícil encontrar esperanza, ánimo y fuerzas para detener esta historia de tanto derramamiento de sangre. Y no podemos ceder frente al miedo, al inmediatismo, el hedonismo o el fatalismo. El legado intelectual de Ignacio Ellacuría nos invita a mirar la realidad con ternura, no para perdernos en dulcificaciones mistificantes de lo que acontece en ella, sino para escuchar y sentir con ella, a fin de transformarla según las nece-

5 *Ibid.*, p. 241.

sidades y urgencias que requiera para sanar y reconciliar nuestra historia. En definitiva, hemos de ser, como Ignacio Ellacuría, antorchas en esta hora oscura de la historia. Inmersos en lo más profundo de la realidad nos haremos testigos de la verdad, alentados a seguir creyendo que todavía es posible llevar esa verdad que hace justicia a cada hombre y a todos los hombres.

BIBLIOGRAFÍA

BENJAMIN, W., *Tesis sobre la historia y otros fragmentos*, México, Ítaca-UACM, 2008.

COMISIÓN DE LA VERDAD PARA EL SALVADOR, *De la locura a la esperanza: la guerra de 12 años en El Salvador. Informe de la Comisión de la Verdad para El Salvador*, San Salvador, Dirección de Publicaciones e Impresos, 2014.

DOGGETT, M., *Una muerte anunciada: el asesinato de los jesuitas en El Salvador*, San Salvador, UCA Editores, 1994.

ELLACURÍA, I. *Cursos universitarios*, San Salvador, UCA Editores, 2009.

—, *Escritos filosóficos*, vol. 2, San Salvador, UCA Editores, 1999.

—, *Escritos filosóficos*, vol. 3, San Salvador, UCA Editores, 2001.

—, *Escritos teológicos*, vols. 1-2, San Salvador, UCA Editores, 2000.

—, *Escritos teológicos*, vol. 3, San Salvador, UCA Editores, 2002.

—, *Escritos universitarios*, San Salvador, UCA Editores, 1999.

—, *Filosofía de la realidad histórica*, San Salvador, UCA Editores, 1990.

—, *Veinte años de historia en El Salvador (1969-1989). Escritos políticos*, vols. 1-2, San Salvador, UCA Editores, 1991.

ESPINOZA LOLAS, R., *Hegel y las nuevas lógicas del mundo y del Estado. ¿Cómo se es revolucionario hoy?*, Madrid, Akal, 2016.

—, *Realidad y tiempo en Zubiri*, Granada, Comares, 2006.

MARTÍN-BARÓ, I., *Acción e ideología: psicología social desde Centroamérica*, San Salvador, UCA Editores, 2018.

NICOLÁS, J. A. y SAMOUR, H. (eds.), *Historia, ética y ciencia. El impulso crítico de la filosofía de Zubiri*, Granada, Comares, 2007.

ROMERO CUEVAS, J. M., *Crítica e historicidad. Ensayos para repensar las bases de una teoría crítica*, Barcelona, Herder, 2010.

—, «Ellacuría y la teoría crítica. Una aproximación», en *Realidad: Revista de Ciencias Sociales y Humanidades* 109 (2006), pp. 455-471.

SAMOUR, H., *Voluntad de liberación: el pensamiento filosófico de Ignacio Ellacuría*, San Salvador, UCA Editores, 2002.

SENENT DE FRUTOS, J.A. y MORA GALIANA, J. (dirs.), *Ignacio Ellacuría 20 años después: actas del Congreso Internacional: Sevilla, 26 a 28 de octubre de 2009: Departamento de Filosofía del Derecho de la Universidad de Sevilla*, Sevilla, Instituto Andaluz de Administración Pública, 2010.

Sobrino, J., *Compañeros de Jesús: el asesinato-martirio de los jesuitas salvadoreños*, Santander, Sal Terrae, 1990.

—, *Jesucristo liberador. Lectura histórico-teológica de Jesús de Nazaret*, San Salvador, UCA Editores, 2013.

—, «La opción por los pobres: dar y recibir. "Humanizar la humanidad"», *Revista Latinoamericana de Teología* 60 (2003), pp. 283-307.

—, «La teología y el "principio liberación"», *Revista Latinoamericana de Teología* 35 (1995), pp. 115-140.

— y Alvarado, R. (eds.), *Ignacio Ellacuría: «Aquella libertad esclarecida»*, San Salvador, UCA Editores, 1999.

— y Mármol Martínez, C., *Conversaciones con Jon Sobrino*, San Salvador, UCA Editores, 2020.

Sols Lucia, J., *La teología histórica de Ignacio Ellacuría*, Madrid, Trotta, 1999.

Tamayo Acosta, J.J. y Samour, H. (eds.), *Ignacio Ellacuría. 30 años después*, Valencia, Tirant Lo Blanch, 2021.

Zubiri, X., *El hombre y Dios*, Madrid, Alianza-Fundación Xavier Zubiri, 1988.

—, *Estructura dinámica de la realidad*, Madrid, Alianza-Fundación Xavier Zubiri, 1995.

—, *Inteligencia sentiente: inteligencia y realidad*, Madrid, Alianza-Fundación Xavier Zubiri, 1998.

—, *Los problemas fundamentales de la metafísica occidental*, Madrid, Alianza-Fundación Xavier Zubiri, 2003.

—, *Naturaleza, Historia, Dios*, Madrid, Alianza, 1987.

—, *Sobre el problema de la filosofía y otros escritos (1932-1944)*, Madrid, Alianza-Fundación Xavier Zubiri, 2002.

—, *Sobre el sentimiento y la volición*, Madrid, Alianza-Fundación Xavier Zubiri, 1993.

Apéndice 1.
Obras de Ignacio Ellacuría

Sobre la esencia de Xavier Zubiri: índices, Madrid, Sociedad de Estudios y Publicaciones, 1965.

Teología política, San Salvador, Secretariado Social Interdiocesano, 1973.

Conversión de la iglesia al reino de Dios: para anunciarlo y realizarlo en la historia, San Salvador, UCA Editores, 1989.

Filosofía de la realidad histórica, San Salvador, UCA Editores, 1990.

Veinte años de historia en El Salvador (1969-1989). Escritos políticos, 3 vols., San Salvador, UCA Editores, 1991.

De El Salvador a Colombia: seis pistas para la paz, Bogotá, Cinep, 1994.

El compromiso político de la filosofía en América Latina, Bogotá, El Búho, 1994.

Escritos universitarios, San Salvador, UCA Editores, 1999.

Fe y justicia, estudio introductorio de Jon Sobrino, Bilbao, Desclée de Brouwer, 1999.

Escritos filosóficos, 3 vols., San Salvador, UCA Editores, 1996-2001.

Escritos teológicos, 3 vols., San Salvador, UCA Editores, 2000-2002.

- *Filosofía ¿para qué?*, San Salvador, UCA Editores, 2003.
Cursos universitarios, San Salvador, UCA Editores, 2009.
Mi opción preferencial por los pobres, Madrid, Nueva Utopía, 2009.

EN COAUTORÍA CON

Et al., *Homenaje a Xavier Zubiri*, 2 vols., Madrid, Moneda y Crédito, 1970.

ZUBIRI, X. et al., *Realitas: seminario Xavier Zubiri*, 4 vols., Madrid, Sociedad de Estudios y Publicaciones, 1974-1979.

ZENTENO, A. y ARROYO, A., *Fe, justicia y opción por los oprimidos*, Bilbao, Desclée de Brouwer, 1980.

LAZO, F., *El Salvador: crisis económica*, México, Centro de Investigación y Acción Social, 1987.

SOBRINO, J. (eds.), *Mysterium liberationis: conceptos fundamentales de la teología de la liberación*, 2 vols., San Salvador, UCA Editores, 1991.

SCANNONE, J.C. (comp.). *Para una filosofía desde América Latina*, Bogotá, Centro Editorial Javeriano, 1992.

MAIER, M., *El Padre Arrupe: testigo y profeta*, San Salvador, Centro monseñor Romero, 2007.

OTROS IDIOMAS

Freedom made flesh: the mission of Christ and his Church, Maryknoll, Orbis Books, 1976.

Conversione Della Chiesa Al Regno Di Dio. Per annun-
ciarlo e realizzarlo nella storia, Brescia, Queriniana,
1992.
Philosophie der geschichtlichen Realität, Aquisgrán, Mainz,
2010.
Essays on History, Liberation, and Salvation, Maryknoll,
Orbis Books, 2013.
Le peuple crucifié: Le Royaume, les pauvres et l'Église. Écrits
de San Salvador, 1973-1989, París, Éditions Jésuites,
2020.

APÉNDICE 2.
OBRAS SOBRE IGNACIO ELLACURÍA

ALVARADO, R. *et al.*, *Voluntad de arraigo: ensayos filosóficos*, Managua, UCA, 1994.

ALBARRACÍN TEULON, A., ASHLEY, M.J., BURKE, K.F. y CARDENAL, R. (dirs.), *A Grammar of Justice: The Legacy of Ignacio Ellacuría*, Maryknoll, Orbis Books, 2014.

ASHLEY, M., CARDENAL, R. Y MAIER, M. (eds.), *La civilización de la pobreza: el legado de Ignacio Ellacuría para el mundo de hoy*, San Salvador, UCA Editores, 2015.

BELTRÁN DE HEREDIA, P.J., *Vascos universales del siglo XX: Juan Larrea e Ignacio Ellacuría*, Madrid, Biblioteca Nueva, 2005.

BERNABEU, A. *et al.*, *Martirio: 30 aniversario de los mártires de la UCA*, Madrid, Agencia Española de Cooperación Internacional para el Desarrollo, s.f.

BURKE, K.F., *The Ground beneath the cross: the theology of Ignacio Ellacuría*, Washington, Georgetown University Press, 2000.

— y LASSALLE-KLEIN, R. (eds.), *Love that produces hope: the thought of Ignacio Ellacuría*, Minnesota, Liturgical Press, 2006.

CARDENAL, R., *Biografías: mártires de la* UCA, San Salvador, Centro monseñor Romero, 1999.

— *et al.*, *Ignacio Ellacuría: intelectual, filósofo y teólogo*, Valencia, ADG-N Libros, 2012.

CASTELLÓN MARTÍN, J.J., *Ellacuría y la filosofía de la praxis*, Huelva, Hergue, 2003.

CASTRO SOTO, O.A., IZAZAGA CARRILLO, L.M. y VARELA GUINOT, H. (eds.), *Ignacio Ellacuría en las fronteras*, México, Tecnológico Universitario del Valle del Chalco-Universidad Iberoamericana México, 2019.

DE LOS REYES RAMÍREZ, R. y CARDENAL, R., *Archivo de Ignacio Ellacuría, S.J.*, Sevilla, Universidad Internacional de Andalucía, 2002.

DE LOS RÍOS URIARTE, M.E., *Sobre el concepto de redención en Walter Benjamin y el de liberación en Ignacio Ellacuría: hacia una teoría crítica en América Latina*, México, 2015.

DOGGETT, M., *Una muerte anunciada: el asesinato de los jesuitas en El Salvador*, San Salvador, UCA Editores, 1994.

ENCUENTRO MESOAMERICANO DE FILOSOFÍA SAN SALVADOR, EL SALVADOR, *Primer encuentro mesoamericano de filosofía: para una filosofía liberadora*, San Salvador, UCA Editores, 1995.

FADINI, G., *Ignacio Ellacuría*, Brescia, Morcelliana, 2012.

BRESCIA FERNÁNDEZ, D. (dir.). *Ignacio Ellacuría: vida, pensamiento e impacto en la universidad jesuita de hoy*, México, Universidad Iberoamericana, 2010.

Flores García, V., *El Lugar que da verdad: la filosofía de la realidad histórica de Ignacio Ellacuría*, México, Miguel Ángel Porrúa, 1997.

Flores García, V. y Castro Soto, O.A. (comps.), *El puño y el verbo: el legado jesuita de Centroamérica al mundo*, San Salvador, UCA Editores, 2013.

Fornet-Ponse, T., *Ignacio Ellacuría interkulturell gelesen*, Nordhausen, Traugott Bautz, 2008.

Gimbernat, J.A. y Gómez, C. (eds.), *La pasión por la libertad: homenaje a Ignacio Ellacuría*, Navarra, Verbo Divino, 1994.

Lassalle-Klein, R., *Blood and ink: Ignacio Ellacuría, Jon Sobrino, and the Jesuit martyrs of the University of Central America*, Maryknoll, Orbis Books, 2014.

López Casillas, C. A. (coord.), *Ellacuría en el Tecnológico Universitario del Valle de Chalco*, México, Tecnológico Universitario del Valle de Chalco, 2019.

Loriente Pardillo, J. L., *Ignacio Ellacuría*, Madrid, Fundación Emmanuel Mounier, 2004.

Martialay, R., *Sangre en la universidad: los jesuitas asesinados en El Salvador*, Bilbao, Mensajero, 1999.

Maspoli, E., *Ignacio Ellacuría: e i martiri di San Salvador*, Milán, Paoline Editoriale Libri, 2009.

Mora Galiana, J., *Homenaje a Ignacio Ellacuría: de la realidad a la realidad histórica. En el XII aniversario de los asesinatos de la UCA*, Huelva, Diputación Provincial de Huelva, 2001.

—, *Ignacio Ellacuría, filósofo de la Liberación*, Madrid, Nueva Utopía, 2004.

—, *Para investigar la filosofía de la realidad histórica y la* praxis liberadora, desde Ignacio Ellacuría: bibliografía, San Salvador, s.n., 2004.

Nicolás, J.A. y Barroso, O. (eds.), *Balance y perspectivas de la filosofía de X. Zubiri*, Granada, Comares, 2004.

— y Samour, H. (eds.), *Historia, ética y ciencia: el impulso crítico de la filosofía de Zubiri*, Granada, Comares, 2007.

Rosa Borjas, G. R., *Mons. Óscar Romero y el P. Ignacio Ellacuría, dos íconos de la fe y la justicia*, San Salvador, UCA Editores, 2013.

Rosillo Martínez, A., *Los derechos humanos desde el pensamiento de Ignacio Ellacuría*, Madrid, Dykinson, 2009.

—, *Praxis de liberación y derechos humanos: una introducción al pensamiento de Ignacio Ellacuría*, San Luis Potosí, Universidad Autónoma de San Luis Potosí-Facultad de Derecho, Comisión Estatal de Derechos Humanos de San Luis Potosí, 2008.

Samour, H., *Crítica y liberación. Ellacuría y la realidad histórica*, Valencia, Tirant Lo Blanch, 2019.

—, *Crítica y liberación: Ellacuría y la realidad histórica contemporánea*, Valencia, ADG-N Libros, 2012.

—, *Voluntad de liberación: el pensamiento filosófico de Ignacio Ellacuría*, San Salvador, UCA Editores, 2002.

Seminario Zubiri-Ellacuría, *Voluntad de vida: ensayos filosóficos*, Managua, Seminario Zubiri-Ellacuría, UCA Managua, 1993.

Senent de Frutos, J.A., *Ellacuría y los derechos humanos*, Bilbao, Desclée de Brouwer, 1998.

— (ed.), *La lucha por la justicia. Selección de textos de Ignacio Ellacuría (1969-1989)*, Bilbao, Publicaciones de la Universidad de Deusto, 2012.

— y MORA GALIANA, J. (dirs.), *Ignacio Ellacuría 20 años después: actas del Congreso Internacional: Sevilla, 26 a 28 de octubre de 2009: Departamento de Filosofía del Derecho de la Universidad de Sevilla*, Sevilla, Instituto Andaluz de Administración Pública, 2010.

SOBRINO, J., *Cartas a Ellacuría 1989-2004*, San Salvador, Centro monseñor Romero, 2004.

—, *Compañeros de Jesús: El asesinato-martirio de los jesuitas salvadoreños*, Santander, Sal Terrae, 1990.

—, *Ignacio Ellacuría, el hombre y el cristiano: «Bajar de la cruz al pueblo crucificado»*, San Salvador, Centro Monseñor Romero, 2006.

— y ALVARADO, R. (eds.), *Ignacio Ellacuría: «Aquella libertad esclarecida»*, San Salvador, UCA Editores, 1999.

— y CARDENAL, R., *Ignacio Ellacuría, el hombre, el pensador, el cristiano*, Bilbao, EGA, 1994.

SOLS LUCIA, J., *La teología histórica de Ignacio Ellacuría*, Madrid, Trotta, 1999.

TAMAYO ACOSTA, J.J. (ed.), *Ignacio Ellacuría, teólogo mártir por la liberación del pueblo*, Madrid, Nueva Utopía, 1990.

— y ALVARENGA, L. (coords.), *Ignacio Ellacuría. Utopía y teoría crítica*, Valencia, Tirant Lo Blanch, 2014.

— y HÉRNANDEZ, J.L. (coords.), *Iglesia, política, religión y sociedad: interacciones para el bien público desde Ignacio Ellacuría*, Madrid, Dykinson, 2018.

— y Romero Cuevas, J. M., *Ignacio Ellacuría. Teología, filosofía y crítica de la ideología*, Barcelona, Anthropos, 2019.

— y Samour, H. (eds.), *Ignacio Ellacuría. 30 años después*, Valencia, Tirant Lo Blanch, 2021.

Whitfield, T., *Paying the price: Ignacio Ellacuría and the murdered Jesuits of El Salvador*, Filadelfia, Temple University Press, 1995 [trad. cast.: *Pagando el precio: Ignacio Ellacuría y el asesinato de los jesuitas en El Salvador*, San Salvador, uca Editores, 1998].

Yela, G., *Función liberadora de la filosofía desde la perspectiva de Ignacio Ellacuría*, Guatemala, Anabella, 2017.

APÉNDICE 3. NOTA BIOGRÁFICA
SOBRE IGNACIO ELLACURÍA

Ignacio Ellacuría Beascoechea (Portugalete, Vizcaya, 9 de noviembre de 1930-San Salvador, 16 de noviembre de 1989), fue un sacerdote jesuita, filósofo, teólogo, político y rector universitario vasco-salvadoreño.

Entre sus influencias intelectuales destacan Aurelio Espinosa Pólit, Ángel Martínez, Karl Rahner, Xavier Zubiri y Óscar Arnulfo Romero. Trabajó en la Universidad Centroamericana «José Simeón Cañas» de El Salvador desde 1976 como docente, integrante de la junta de directores y rector de dicha casa de estudios (1979-1989). También fue director de la *Revista Estudios Centroamericanos* (1976), fundador del Centro de Reflexión Teológica (1974) y de la *Revista Latinoamericana de Teología* en colaboración con Jon Sobrino (1984); director del Seminario Xavier Zubiri en España y heredero intelectual a la muerte de este (1983).

Su filosofía y teología fueron la base desde la cual analizó la realidad nacional salvadoreña y denunció graves violaciones sistemáticas a los derechos humanos en el marco del conflicto armado que se desarrolló entre las décadas de 1970 y 1980. Tuvo gran influencia como mediador en el proceso de diálogo y negociación entre la guerrilla y el gobierno salvadoreño. Fue asesinado por el ejército salvadoreño en noviembre de 1989, junto con otros cinco sacerdotes jesuitas y dos colaboradoras.

Su pensamiento filosófico, teológico y político se articula en torno a la realidad histórica como categoría fundamental que comprende las dimensiones material, biológica, social, personal, histórica y transcendental que componen la realidad intramundana. Por esta razón sigue constituyendo una herramienta vital para el abordaje crítico y riguroso de la conflictividad del mundo actual.

Entre sus obras más conocidas destacan *Teología política* (1973), *Conversión de la Iglesia al Reino de Dios* (1984) y *Filosofía de la realidad histórica* (1990). Sus escritos inéditos sobre filosofía, teología, política y visión universitaria han sido publicados en varios volúmenes por UCA Editores desde 1990.